# Un aventurier de l'écriture

Propos recueillis par
Amir Biglari

# Un aventurier de l'écriture

*Entretiens avec Jean Ricardou*

academia
L'Harmattan

D/2018/4910/26 ISBN : 978-2-8061-0404-5


Grand'Place, 29
B-1348, Louvain-la-Neuve



**www.editions-academia.be**

# Avant-propos

Écrivain et théoricien du texte, Jean Ricardou (1932-2016) a été une figure éminente et singulière de nos Lettres contemporaines. Dans une première phase, au sein du structuralisme et du poststructuralisme, il a activement participé à plusieurs courants littéraires majeurs : Nouveau Roman, Nouvelle Critique, *Tel Quel*… Dans une seconde phase, il s'est consacré à l'élaboration de la « textique », nouveau domaine qu'il a inlassablement développé jusqu'à sa mort survenue accidentellement le 23 juillet 2016, à la veille du vingt-huitième séminaire qu'il devait diriger comme chaque année au Centre culturel international de Cerisy-la-Salle.

Si Jean Ricardou est surtout connu pour ses nombreux travaux sur le Nouveau Roman, on sous-estime souvent l'ambition principale qui a été la sienne, celle de construire, au-delà de la spécificité et de la diversité des œuvres et des personnalités qui constituaient le mouvement, une véritable théorie d'ensemble. Cette ambition se manifeste notamment dans *Problèmes du Nouveau Roman* (1967), *Pour une théorie du Nouveau Roman* (1971), *Le Nouveau Roman* (1973), *Nouveaux Problèmes du roman* (1978). En outre, il a écrit lui-même des Nouveaux Romans : *L'Observatoire de Cannes* (1961), *La Prise de Constantinople* (1965, prix Fénéon), *Les Lieux-dits, petit guide d'un voyage dans le livre* (1969). Il a été, par ailleurs, organisateur et directeur de plusieurs événements sur le Nouveau Roman. On pense évidemment au célèbre colloque qui a réuni les principaux écrivains de ce mouvement à Cerisy en 1971, et qui a été à l'origine de deux tomes collectifs intitulés *Nouveau Roman : hier, aujourd'hui* (dirigés avec Françoise van Rossum-Guyon), indispensables pour une connaissance profonde de l'histoire d'une remarquable période de la littérature.

Auparavant, Ricardou avait fait partie du comité de rédaction de la revue *Tel Quel*, où il avait d'ailleurs publié ses premiers textes de théorie et de fiction. Mais son rôle a commencé à se marginaliser dans la revue à partir de 1965 : il devenait difficile d'être à la fois membre de *Tel Quel* et attaché au Nouveau Roman compte tenu de la nouvelle politique éditoriale de la revue qui refusait un rapprochement avec celui-ci. Cette situation a alors obligé Ricardou à démissionner de la revue en 1971. Comme l'indique à juste titre Michel Sirvent : « Que Ricardou n'ait fait continûment partie d'un seul et même groupe, que sa recherche ne se soit cantonnée à une seule sphère pratique, peut expliquer certains malentendus. Trop Nouveau Romancier pour les telqueliens, trop théoricien pour les Nouveaux Romanciers, trop écrivain pour les poéticiens, voici comment l'on peut résumer la cause de nombreuses résistances à cette œuvre »[1].

En réalité, il a voulu embrasser simultanément la théorie et la pratique de l'écriture, deux activités selon lui interdépendantes : « Contre la séparation de la pratique et de la théorie que l'idéologie régnante encourage, voire institutionnalise, notre geste est une prise de parti : tout écrivain nous semble devoir se risquer à la théorie et y impliquer ses textes, tout théoricien nous semble devoir se risquer à la littérature et y confronter ses études »[2]. Ainsi, il a non seulement exercé les deux genres d'écriture, mais a aussi tenté un mixte entre théorie et fiction, principalement dans *Le Théâtre des métamorphoses* (1982).

---

[1] Michel Sirvent, *Jean Ricardou : de « Tel quel » au nouveau roman textuel*, Amsterdam / Atlanta, Rodopi, 2001, p. 130.
[2] Jean Ricardou, *Le Nouveau Roman*, Paris, Seuil, 1990 (1973), p. 28.

Dans les années 1980, son travail prend une orientation didactique : il contribue au développement des ateliers d'écriture en France. C'est en 1985, au Collège international de philosophie, qu'il inaugure la « textique », définie fermement comme « une discipline ayant pour objectif l'élaboration d'une théorie unifiante de toutes les opérations de l'écriture et de toutes les structures de l'écrit »[3].

Jean Ricardou a pleinement assumé son engouement très marqué pour la théorie. Le choix d'une phrase du compositeur renommé, Pierre Boulez, comme exergue à son livre *Le Nouveau Roman* (1973) est révélateur : « Les êtres les plus imaginatifs ont le sens de la théorie, parce qu'ils n'ont pas peur qu'elle bride leur imagination, au contraire. Mais les faibles redoutent la théorie et toute espèce de risque, comme les courants d'air ». Cette passion de la théorie arrive à son apogée avec la textique, dont le métalangage ardu et les contraintes théoriques intransigeantes ne lui ont pas permis, jusqu'à présent, de toucher un large public…

Tout cela suggère que l'œuvre protéiforme de cette personnalité se caractérise visiblement par son avant-gardisme : il n'a pas laissé de surprendre, d'exploiter différents terrains, de dépasser de loin les limites habituelles. Jan Baetens a raison de dire que Ricardou « n'avait pas peur de faire ce qu'il disait, alors que beaucoup se contentent de dire ce qu'ils font »[4]. Ou pour reprendre les mots de Marc Avelot, il n'a « jamais cédé sur son désir »[5]. Il était un aventurier

[3] Jean Ricardou, *Grivèlerie*, Bruxelles, Les impressions nouvelles, 2012, quatrième de couverture.

[4] Jan Baetens, « Jean Ricardou, maître et modèle », 2016, disponible sur : http://www.lesimpressionsnouvelles.com/chronique-dauteurs-20, consulté le 2 août 2016.

[5] Marc Avelot, « Jean Ricardou, au fil des plages », 2016, disponible sur : https://www.letemps.ch/culture/2016/07/26/jean-ricardou-fil-plages, 2016, consulté le 2 août 2016.

de l'écriture[6], d'une rigueur impressionnante et d'une précision hors du commun. Il a visé à nous sensibiliser au langage, aux formes que celui-ci prend, aux réseaux de sens qu'il est capable de construire, et surtout aux mécanismes mobilisés dans la production des textes. Il a voulu apprendre à lire et à écrire, mieux, à réfléchir sur ce que c'est qu'écrire[7].

Cet ouvrage est le fruit de nombreuses correspondances avec Jean Ricardou, qui se sont déroulées entre septembre 2013 et juin 2016. Son décès brusque, qui a eu lieu moins d'un mois après notre dernier échange, a malheureusement laissé le projet initial inabouti. Les entretiens réalisés sont présentés en deux volets. Le premier commence par trois chapitres qui portent sur différents aspects du Nouveau Roman, notamment sa constitution, les enjeux théoriques et pratiques liés à ce mouvement, ainsi que le contexte social de son apparition et de son évolution. Dans ce cadre, Ricardou rapporte maints détails historiques et circonstanciels inédits. Le quatrième chapitre s'intéresse à l'œuvre de fiction de l'écrivain, aussi bien à ses romans qu'à ses recueils de nouvelles. Le cha-

---

[6] Cette formule, qui a également donné le titre de cet ouvrage, est bien entendu un clin d'œil à sa fameuse phrase sur le Nouveau Roman – mais d'une portée plus générale – qui, selon lui, correspond plutôt à « l'aventure d'une écriture » qu'à « l'écriture d'une aventure » (*Pour une théorie du Nouveau Roman*, Paris, Seuil, 1971, p. 32).

[7] Quel hommage plus significatif que celui que lui rend la journaliste Marianne Alphant (1990), lorsqu'elle énonce : « Je dois dire que Jean Ricardou, en quelque sorte, m'a appris à lire. Si j'ai écrit ensuite, cela a certainement été lié à cette situation insurrectionnelle qu'il avait créée lors de ce colloque de Cerisy où personne ne le connaissait et où il s'est mis à parler, non pas de Valéry, mais de ce qu'est écrire » (cité par Michel Sirvent, *Jean Ricardou : de « Tel quel » au nouveau roman textuel*, *op. cit.*, p. 134) ? Ou bien lorsque le poète et critique, Jan Baetens, s'exprime ainsi à propos de ce « maître exceptionnel » : Ricardou « a fait dévier toutes mes idées sur l'écriture comme sur la vie » (« Jean Ricardou, maître et modèle », *op. cit.*) ?

pitre suivant revient sur l'ambiance au sein de la revue *Tel Quel* et précise le rôle de Jean Ricardou dans l'équipe. Ensuite, seront exposés les points de vue de Ricardou au sujet de la critique littéraire en général et de la Nouvelle Critique en particulier. Vient enfin clore ce volet un chapitre à peine entamé sur la textique, la part de son œuvre qui lui était si chère et dont il parlait avec enthousiasme, sa principale préoccupation intellectuelle depuis de nombreuses années[8].

Cet aspect inachevé est pourtant en partie complété par le deuxième volet de l'ouvrage, qui développe plusieurs questions de textique. Les trois essais qui composent ce volet sont en réalité trois réponses détaillées de Jean Ricardou à une triple interrogation qui lui avait été adressée tout au début de ce projet, sur son parcours personnel et intellectuel, sur la fonction de la littérature, de même que sur la notion de « littérarité ». Les réponses étant devenues trop longues, et ainsi susceptibles de briser la cohérence de l'ensemble, il avait été convenu de revenir là-dessus à la fin du projet pour trouver une solution de sorte qu'elles puissent être intégrées au sein des entretiens à proprement parler, mais nous n'avons pas eu l'occasion d'en discuter avant sa disparition. C'est pourquoi ces trois réponses sont ici présentées sous la forme de trois textes indépendants qui évoquent certains concepts clés de la textique (comme la « destitution représentative »), accompagnés d'exemples significatifs (comme le « sonnet en yx »), tout en éclairant les positions du concepteur et du promoteur de la textique sur les notions générales liées aux Lettres, telles que l'« autobiographie » ou l'« auteur »[9].

---

[8] Pour se renseigner sur la textique, voir surtout les deux derniers ouvrages de Jean Ricardou, publiés en 2012 chez Les impressions nouvelles à Bruxelles : *Intelligibilité structurale du trait* et *Grivèlerie.*

[9] Voici les questions d'origine : « Pourriez-vous retracer votre parcours depuis votre naissance ? », « À quoi sert la littérature ? », « Quelle est votre opinion sur la notion de “littérarité” ? ». Les trois

Que Jean Ricardou soit vivement remercié de tout le temps qu'il a consacré à ce projet, et qu'il soit en paix…

Amir Biglari, juillet 2017

---

réponses, légèrement revues sous le contrôle de l'auteur pour être dotées d'une autonomie plus importante, sont ici respectivement baptisées : « Un récit autobiographique », « Destitution fonctionnelle et restitution prescrite », « Sur la notion de "littérarité" ».

# PREMIÈRE PARTIE

## Du Nouveau Roman à la textique

# 1

# La constitution et l'esprit du Nouveau Roman

## Comment le Nouveau Roman s'est-il constitué ?

Dans sa phase ascendante, le **Nouveau Roman** semble s'être constitué en quelque sorte deux fois : une fois de l'**extérieur**, une fois de l'**intérieur**.

Il s'est d'abord **constitué de l'extérieur** dans les années 1950 et 1960, par les offices d'une critique surtout journalistique, et, cela, non seulement pour des raisons de conjoncture, car, d'une façon spéciale, l'époque semblait attendre une certaine nouveauté (ainsi toute une presse parlait, comme indépendamment, d'une certaine « **Nouvelle Gauche** »), mais encore pour des raisons de structure, car, d'une façon générale, les journaux aiment bien, dans la mesure où il paraît lors y avoir événement, ce qu'elle présente comme des tendances inédites (ainsi, plus tard, avec ce qui fut appelé, dans un domaine proche, la « **Nouvelle Fable** », et, dans de tout autres, les « **Nouveaux Philosophes** », voire... la « **Nouvelle Cuisine** »).

Permettez-moi donc de ne pas trop m'étendre sur cette période, car si, un jour, tel journaliste, probablement celui qui était le feuilletoniste du journal *Le Monde*, Émile Henriot, a dû songer au terme de « **Nouveau Roman** », cela pourrait bien ne ressortir, en somme, qu'à une anecdote extrinsèque.

Ce qui compte, plutôt, c'est qu'il s'agit d'une formule suffisamment opportune, en son caractère évasif, pour avoir été retenue, ensuite, notamment par certains qui se sont sentis impliqués, dont Alain Robbe-Grillet avec son livre *Pour un Nouveau Roman* (éditions de Minuit, 1963), puis... moi-même avec le volume *Problèmes du Nouveau Roman* (éditions du Seuil, 1967).

Il s'est ensuite **constitué de l'intérieur** avec le **colloque *Nouveau Roman : hier, aujourd'hui*, de 1971, à Cerisy**.

En effet, ce que cette réunion de dix jours a permis, c'est qu'un certain nombre de romanciers (Michel Butor, Claude Ollier, Robert Pinget, Jean Ricardou, Alain Robbe-Grillet, Nathalie Sarraute, Claude Simon), et, cela, ou bien selon une implication minimale, avec l'envoi seulement d'un écrit (Butor), ou bien selon une implication limitée, avec une venue pour seulement quelques jours (Pinget, Sarraute), ou bien selon une implication maximale, avec une présence constante pendant ces journées (Ollier, Ricardou, Robbe-Grillet, Simon), acceptent de se réunir à l'enseigne du **Nouveau Roman**.

Or, comme aucun d'entre eux n'a exigé la venue de quelque autre, ni regretté telle présence effective, il semble permis d'admettre que, avec ce colloque, la **constitution du Nouveau Roman comme ensemble** a été, selon une manière de **cooptation implicite**, arrachée à la critique (qui procédait jusque-là un peu trop à sa guise) par certains romanciers eux-mêmes, lesquels, débattant entre eux parfois avec vivacité, ont néanmoins repris à leur compte la formule de **Nouveau Roman**.

À cela, il faut ajouter que, en tant qu'organisateur et directeur de cette rencontre, pour ainsi dire « **historique** » dans le domaine dit « **littéraire** », et qui, du reste, a fait l'objet, d'abord, d'une publication en livre de poche (éditions 10/18, 1972), puis, naguère, d'une réédition chez un éditeur renommé (éditions Hermann, 2011), j'avais, stratégiquement, d'autres idées en tête.

Arrêtons-nous un instant sur ce colloque en effet historique. Comme vous l'avez écrit dans votre livre *Le Nouveau Roman*[1], Samuel Beckett et Marguerite Duras ont décliné l'invitation. Pour quelle raison ?

Je crois me souvenir que, à cette époque, Samuel Beckett était déjà assez âgé, et, de plus, qu'il se trouvait diminué quant à sa vue, circonstances qui lui fournissaient d'excellents motifs pour, sans blesser personne, éviter de concourir à un colloque risquant d'amoindrir la particularité qu'il estimait probablement être la sienne, et que Marguerite Duras, quant à elle, ne faisait pas mystère d'une singularité qui la poussait, et pour le dire ainsi, à ne pas trop se... commettre.

Pourquoi n'avez-vous pas invité d'autres écrivains déjà connus qui produisaient des textes novateurs à l'époque ? Je pense par exemple à Maurice Blanchot, à Raymond Queneau, à Georges Perec, à Philippe Sollers, à Jean-Marie Gustave Le Clézio ; ou bien à Jean Lagrolet, à Kateb Yacine et à Jean Cayrol, qui étaient présents sur la première liste des Nouveaux Romanciers établie par la revue *Esprit* en 1958 ; le nom de Jean Cayrol réapparaît également sur la liste proposée par Françoise Baqué dans son ouvrage intitulé *Le Nouveau Roman*, publié en 1972...

Ainsi que je l'ai rappelé dans la préface au cinquième tirage de mon livre *Le Nouveau Roman*, il

[1] Jean Ricardou, *Le Nouveau Roman*, Paris, Seuil, 1990 (1973), p. 25.

s'agissait, à mon avis, d'« **établir en rigueur si possible, loin de tout quelconque avis personnel, insignifiant en l'occurrence, un ensemble, opératoirement clos, d'écrivains épinglables sous l'enseigne "Nouveau Roman"** »[2]. Mais, pour le coup, je me trouvais aux prises avec deux problèmes.

L'un était celui de la **définition circulaire**.

En effet, sitôt que le **Nouveau Roman** ne s'était fait connaître, ni, un peu comme le **Surréalisme** avec André Breton, par la présence d'un chef avéré, ni par quelque collectif assuré d'une manière ou quelque autre, ni par une revue spéciale qui l'aurait impliqué, ni par certain manifeste explicite, il était alléchant, selon un aimable cercle, et comme je l'ai non moins observé, « **d'en établir la composition à partir des idées sur... le Nouveau Roman** ».

L'autre problème était celui de l'**extension indéfinie**.

En effet, sitôt qu'était entrevue une liste de romanciers ayant apporté, avec leurs écrits, une certaine part de nouveau, il devenait impossible, la nouveauté se trouvant lors multiple, de ne pas songer à divers autres encore, de telle sorte que, de proche en proche, ce qui en serait venu à se proposer, c'est, comme en témoigne l'incomplète immense liste que j'ai fournie[3], un accroissement sans limite.

Il n'en reste pas moins que, si le principe d'un groupe réduit par une manière de **cooptation implicite** permettait de contourner ces deux problèmes, une difficulté néanmoins persiste : celle de la liste déjà réduite à partir de laquelle était advenue cette **implicite cooptation**.

---

[2] *Ibid.*, p. 10.
[3] *Ibid.*, p. 23-24.

Il n'est donc pas sans pertinence d'accorder une attention, au moins indirectement ainsi que vous le faites, à cet inventaire des neuf écrivains (Samuel Beckett, Michel Butor, Marguerite Duras, Claude Ollier, Robert Pinget, Jean Ricardou, Alain Robbe-Grillet, Nathalie Sarraute, Claude Simon) à partir duquel s'est faite l'**implicite cooptation de Cerisy**.

Sous cet angle, il semble possible de noter que tous ces romanciers, y compris Samuel Beckett (notamment avec *Molloy*, 1960) et Marguerite Duras (quant à elle avec *Moderato Cantabile*, 1958), avaient publié au moins un livre aux éditions de Minuit.

Alors, l'un des facteurs qui a contribué à la constitution de la liste de Cerisy, c'étaient les éditions de Minuit. Pourriez-vous commenter quelle a été précisément l'importance de cette maison d'édition ?

En effet il faut admettre que les éditions de Minuit n'ont pas joué un rôle négligeable dans cette affaire, et je crois me souvenir que, dans la période initiale, un critique n'avait pas hésité à mentionner, même si abusivement, une certaine « **École de Minuit** ».

Peut-être est-il donc opportun, à cet égard, d'apporter deux indications.

La première, c'est que cette maison d'édition, dont le directeur était, à l'époque, le nommé Jérôme Lindon, présentait, comment dire, un certain « **dynamisme** subversif », et, cela, aussi bien sous l'angle politique que sous l'angle ordinairement qualifié de « **littéraire** ».

Sous l'angle **politique**, dans la mesure où, suivant une manière de tradition (cette officine était advenue, je crois, ce que du reste son nom symbolise, dans la clandestinité sous l'Occupation), cette maison éditoriale poursuivait un combat contre ce que plusieurs, à cette époque, nommaient la « **guerre d'Algérie** » (jusqu'à publier, révélant certaines tortures qu'avaient commises des militaires français, et immédiatement objet de censure, le livre d'Henri Alleg *La Question*).

Sous l'angle « **littéraire** », dans la mesure où, à l'initiative d'Alain Robbe-Grillet, romancier qui y était devenu **conseiller « littéraire »**, cette maison éditoriale avait publié des romans qui, pour le dire au trop bref, « **sortaient du courant** », et, entre autres, de Claude Simon (avec *Le Vent*, puis *La Route des Flandres*) et de... moi-même (avec *L'Observatoire de Cannes*, puis *La Prise de Constantinople*).

La deuxième indication, c'est que, dans la mesure où, comme à l'instant, une rigueur semble de mise, cette période ne saurait être évoquée sans que justice soit rendue au nommé Georges Lambrichs, précédent **conseiller « littéraire »** aux éditions de Minuit, et qui allait diriger ensuite, du reste, la collection « Le chemin » aux éditions Gallimard (laquelle devait accueillir, ultérieurement, ce qui pourrait bien être significatif, mon recueil d'écrits brefs intitulé *Révolutions minuscules*).

En effet, à ce que je crois savoir, c'est lui qui, notamment, soutint la publication de *Les Gommes*, le premier roman d'Alain Robbe-Grillet.

De telle sorte que, s'agissant de la venue du **Nouveau Roman**, le rôle des éditions de Minuit et surtout de son directeur a été, me semble-t-il, tout à la fois indiscutable et moindre que certains paraissent en être venus à le croire.

Plusieurs points méritent encore d'être précisés. Vous avez dit qu'en tant qu'organisateur et directeur de la rencontre de Cerisy, vous aviez, « stratégiquement, d'autres idées en tête ». Lesquelles ?

Il y en avait au moins deux.

La première, c'était d'arracher le **Nouveau Roman** à la critique traditionnelle, souvent journalistique comme je l'ai rappelé, non seulement quant à sa **composition** (qu'elle déterminait de façon variable, et, donc, très abusivement, à sa complète guise), mais encore quant à sa « **hiérarchie** » (qu'elle façonnait souvent jusqu'à mettre en cause la vigueur du **collectif**).

En effet, semblant tirer parti de ce que certains des écrivains plus ou moins en cause avaient seulement fourni, soit des études à tendance académique (Michel Butor avec ce qui, en plusieurs volumes, allait devenir *Répertoire* aux éditions de Minuit), soit des études assez restreintes (Nathalie Sarraute avec, dans *L'Ère du soupçon* aux éditions Gallimard, une mise en cause de l'ordinaire conception du personnage), soit des remarques plutôt éparses (celles de Claude Simon, se plaisant, quant à lui, en général au fil d'entretiens, à beaucoup citer de précédents « **penseurs** »), et de ce que l'un d'entre eux, en revanche (Alain Robbe-Grillet, avec *Pour un Nouveau Roman*, éditions de Minuit), avait adopté, du reste de façon légèrement nébuleuse (comme l'atteste l'usage de l'article indéfini « **un** »), la formule « **Nouveau Roman** », il n'était pas rare que cette critique, réduisant le phénomène **collectif** aux opinions légèrement dogmatiques d'un **seul**, bombarde ce dernier « **pape du Nouveau Roman** ».

Sous cet angle, la venue, dans ce colloque, de mes offices à visée moins personnelle que théorique devait donc permettre, non seulement, ce qui évinçait la notion d'un « **pape** », de rendre plurielle la réflexion, mais encore, ce qui rétrogradait les **hâtives opinions d'un seul**, de lui fournir une **assise conceptuelle** plus ferme.

La seconde idée, c'était d'arracher le **Nouveau Roman**, comment dire, à un certain particularisme centré sur soi, cher, déjà, nous y reviendrons peut-être, à la plupart des **Nouveaux Romanciers** eux-mêmes.

C'est que, si adeptes fussent-ils, incontestablement, d'une certaine nouveauté, ils restaient tous, à mon avis, et d'autant plus que la formation de leur pensée avait eu lieu surtout dans l'« **Entre-deux-Guerres** », plus ou moins victimes de certaines idées qui, les rendant myopes, en quelque manière, les empêchaient quelque peu d'apercevoir ce qui, du moins selon mes vues, était en train d'advenir avec le **Nouveau Roman** pris comme une cohérence d'ensemble.

Votre admirable tentative, à l'occasion du colloque de Cerisy, pour former un ensemble clos, autrement dit pour passer de la « phase molle » à la « phase ferme », comme vous l'avez mentionné plus tard[4], ne va-t-elle pas tout de même à l'encontre de l'esprit du Nouveau Roman si l'on accepte les points de vue de Robbe-Grillet et de Sarraute par exemple ? Le premier note : « Si j'emploie volontiers, dans bien des pages, le terme de Nouveau Roman, ce n'est pas pour désigner une école, ni même un groupe défini et constitué d'écrivains qui travailleraient dans le même sens ; il n'y a là qu'une appellation commode englobant tous ceux qui cherchent de nouvelles formes romanesques, capa-

[4] « Les Raisons de l'ensemble », dans *Ibid.*, pp. 227-231.

bles d'exprimer (ou de créer) de nouvelles relations entre l'homme et le monde, tous ceux qui sont décidés à inventer le roman, c'est-à-dire à inventer l'homme »[5] ; ou bien il avance plus tard : « Le Nouveau Roman n'a pas abouti parce que la liberté ne peut pas s'institutionnaliser »[6]. De même, Sarraute souligne : « Le Nouveau Roman a été le lieu de la libération générale des formes »[7]...

Vous évoquez un certain « **esprit du Nouveau Roman** » en citant des phrases d'Alain Robbe-Grillet et de Nathalie Sarraute, mais je ne suis pas tout à fait sûr, quant à moi, de pouvoir entièrement garantir cette façon, car ni le nommé Alain Robbe-Grillet, ni la nommée Nathalie Sarraute, s'ils ont eu, bien sûr, l'entier droit de concevoir leurs opinions, ne me paraissent, même mis ensemble, et à moins de leur consentir on ne sait trop quel privilège, détenir ce qui serait un « **esprit du Nouveau Roman** ».

Qu'il me soit permis d'observer, en outre, que les propos ici rappelés offrent une claire illustration à l'idée que j'ai un peu trop succinctement avancée tout à l'heure, selon laquelle la pensée de ces écrivains s'était formée dans l'« **Entre-deux-Guerres** ».

C'est que ce qu'ils manifestent ici, l'un comme l'autre, pourrait bien n'être que l'emprise d'une idéologie particulièrement vivace dans l'« **Entre-deux-Guerres** », puis l'immédiate « **Après-Guerre** », et, du reste, aujourd'hui encore.

---

[5] Alain Robbe-Grillet, *Pour un Nouveau Roman*, Paris, Minuit, 1961, p. 9.
[6] Alain Robbe-Grillet, *Libération*, le 12 octobre 1982, p. 22.
[7] Nathalie Sarraute, *Libération*, le 12 octobre 1982, p. 22.

Pour en dire deux mots, et quitte à mettre en jeu de très grandes « **masses de pensée** », il semble possible d'apercevoir que, après le XVIII^e siècle, dit « **siècle des Lumières** », s'est développé, notamment en Occident, avec ce qui est ordinairement appelé « **Romantisme** » (poursuivi, sachons l'apercevoir, entre autres avec le **Surréalisme**), ce que, imprégnant à peu près tout dans l'« **Entre-deux-Guerres** » et l'« **Après-Guerre** », voire la période actuelle, il paraît falloir nommer une **Réaction**.

Alors que, dans la période habituellement dite « **classique** », que prolonge le « **Siècle des Lumières** », avaient été soutenus, en particulier avec la rhétorique lors en pleine vigueur, surtout des **procédés**, c'est-à-dire des manières communes, la période suivante qui se prolonge de nos jours, tirant une trop courte leçon de ce qui était devenu, force est d'en convenir, un certain immobilisme, se trouve mettre l'accent moins sur les **procédés** que sur des **originalités**, c'est-à-dire, en fin de compte, sur des **Auteurs**.

Ainsi s'est trouvée portée aux nues toute une idéologie, non plus seulement de la **Représentation** (soumise, plusieurs fussent-elles insues, à diverses règles), mais plutôt de ce que, selon certaines remarques, j'en suis venu à nommer, un peu rapidement, l'**Expression-Représentation**, pour laquelle, quitte à contrevenir aux règles jusque-là en cours, l'**Auteur** avait pour rôle toujours de **représenter**, certes, mais selon le prisme de son **très personnel point de vue**.

S'est alors mis en place un aimable couple en quelque sorte anarchisant, dont j'irais jusqu'à prétendre que, évidemment cher à l'adolescence, il est « **démagogique** » : celui qui associe, d'une part, la considération des règles communes comme un carcan et, d'autre part, la bienvenue libération d'ordre personnel censée lutter contre.

Que cette idéologie soit ouvertement active chez Alain Robbe-Grillet, voilà ce qui me semble apparaître, de façon implicite dans la première des phrases que vous citez, de façon explicite dans la seconde avec le flatteur usage du mot « **liberté** », et l'on peut dire la même dernière chose pour Nathalie Sarraute qui se plaît à recourir au vocable « **libération** ».

Toutefois, dans les propos ici en cause, c'est une autre difficulté encore qui pourrait bien appeler une critique.

C'est que l'inféodation à ladite idéologie, du reste toujours régnante, s'accompagne, non seulement chez le premier nommé, d'un flagrant flou intellectuel (car les notions d'« **exprimer** » et de « **créer** », expéditivement associées dans une courte parenthèse, pourraient bien être un peu loin de pouvoir être facilement mises ensemble), mais encore, chez l'un comme l'autre, d'une légère inconséquence dans la conduite.

En effet, si le **Nouveau Roman**, à les en croire, relève aimablement, soit, pour l'un, d'une « **appellation commode englobant tous ceux qui cherchent de nouvelles formes romanesques** », soit, pour l'autre, du « **lieu d'une libération générale des formes** », il devient un peu difficile de comprendre pourquoi, s'agissant du colloque de Cerisy *Nouveau Roman : hier et aujourd'hui*, les fauteurs de ces opinions n'ont pas trop exigé, sur le moment, la présence d'un plus grand nombre de novateurs contemporains.

Sous cet angle, j'irai donc jusqu'à prétendre que, s'il existait un « **esprit du Nouveau Roman** », alors celui-ci demanderait au moins deux rigueurs dont s'exemptent un peu trop, dirait-on, les deux écrivains susmentionnés : pour l'un, une rigueur sur le registre de la pensée ; et, pour les deux, une rigueur sur le registre du comportement.

Permettez-moi de citer une autre affirmation de Robbe-Grillet qui pourrait sans doute vous inciter à développer votre position : « il était clair, pour moi, que rien ne devait être normalisé, que chacun devait inventer son Nouveau Roman comme il voulait. J'encourageais chacun à aller dans sa propre voie. Pas du tout comme Ricardou qui ensuite a voulu imposer des règles communes »[8]. Comment l'interprétez-vous ?

Cette affirmation semble pouvoir s'interpréter au moins selon deux manières inégales.

Ce qui se montre, avec elle, subsidiairement, n'est pas trop loin, et à double titre, d'une façon de **roublardise**. En effet, et sans trop polémiquer, puisque la plupart des **Nouveaux Romanciers** aujourd'hui hélas disparus ne sont pas en mesure de faire entendre leur voix, il semble que ce propos ait été plutôt bien adapté à un certain cadre. C'est que des assertions de cette farine ont pu convenir, et fort bien, à un tardif colloque sur le **Nouveau Roman** du genre de celui dont j'ai parlé ailleurs, organisé au sein d'une institution lointaine (à la New York University), à mon total insu, bref bien à l'abri de mes remarques, et rameutant un quatuor de **Nouveaux Romanciers** (Robert Pinget, Alain Robbe-Grillet, Nathalie Sarraute, Claude Simon), chacun demeurant, pour diverses raisons assez « **gendelettres** », inféodé à un seul d'entre eux (Alain Robbe-Grillet), soucieux avant tout, chacun, de sa

[8] Alain Robbe-Grillet, « Livres-Hebdo », *Le Voyageur : textes, causeries et entretiens*, Paris, Seuil, 2003 (2001), p. 590.

personnalité, car restreindre à des « **règles communes** », si cela pourrait bien avoir été scabreux dans le principe (car venu de qui s'est longtemps laissé affubler du sobriquet de « **Pape du Nouveau Roman** »), pourrait bien avoir été habile dans la circonstance (car ainsi l'effort d'une réflexion d'ordre général venant d'un **romancier** pourrait bien n'être pas très bien vu, et par ces **romanciers**, et par une assemblée de **professeurs** faisant parterre).

Ce qui se montre, avec elle, principalement, n'est pas trop loin d'une façon d'**insuffisance**. En effet, ce que la portion théorique de mon travail a tenté, c'est non point trop d'imposer, comme il est prétendu, certaines « **règles communes** », mais plutôt d'apercevoir, dans les particularités de plusieurs **Nouveaux Romans**, une **activité d'ensemble** (que je le redise une fois encore, la problématisation de la représentation) qui m'a semblé pouvoir être rapprochée d'une **commune stratégie**, celle d'une certaine **modernité**.

Quoi qu'il en soit, voudriez-vous revenir plus précisément sur ce qui allait advenir avec le Nouveau Roman ?

C'était, comme il est possible, du reste, de le saisir déjà quelque peu dans la conférence « **Le Nouveau Roman existe-t-il ?** » par laquelle j'ai introduit le colloque de Cerisy, et l'un mentionné lors de façon explicite, l'autre insinué de façon implicite, deux phénomènes corrélés.

Ce que, de **manière explicite**, j'ai en ce cas examiné, c'était, en observant que les divers **Nouveaux Romans** se trouvaient mettre en crise le personnage traditionnel, une **mise en cause de la Représentation**.

En effet, il est facile de saisir que c'est, notamment, sur le personnage que, pour une large part, repose la **Représentation** qui se trouve à la base de l'ordinaire fiction en général, et de l'ordinaire fiction dite « **romanesque** » en particulier.

Du reste j'ai voué, dans cette perspective, peu après ce colloque, en 1973, tout le petit livre que vous avez mentionné tout à l'heure (*Le Nouveau Roman*) à faire saillir cette **mise en cause de la Représentation** sous les plus larges espèces d'une **mise en crise du récit**.

Mais ce que, simultanément, et de **manière implicite**, j'ai plus ou moins insinué dans ce liminaire au colloque, c'est que cette **mise en cause de la Représentation** allait de pair, ce qui était sensible quand on songeait à une cohérence d'ensemble, avec une certaine **déperdition de l'« Auteur »**, entendu, celui-ci, comme une source singulière.

Bref ce dont il s'agissait, c'était en somme de « **prendre au mot** », et la critique courante (en donnant une rigueur à la dénomination de « **Nouveau Roman** » dont elle faisait, malheureusement, un usage plutôt flasque), et les... **Nouveaux Romanciers** eux-mêmes (en laissant entendre que la venue d'un ensemble cohérent supposait d'en rabattre un peu sur la sempiternelle notion d'« **Auteur** »).

La suite des événements a montré, ainsi que plusieurs phénomènes permettent de l'apercevoir, et quant à la **critique ordinaire**, et quant aux **Nouveaux Romanciers** eux-mêmes, que cette **mise en cause de la Représentation** rencontrait des résistances considérables.

De quelles résistances s'agissait-il ? Comment sont-elles apparues ?

Ces résistances ne sont pas inintelligibles parce qu'elles s'appuient sur ce qu'il convient, me semble-t-il, de nommer la *doxa*, à savoir l'opinion régnante, bref le prétendu « **bon sens** ».

C'est que nous baignons tous, et pour ainsi dire comme des poissons dans l'eau, entièrement dans l'**activité de Représentation**.

Du coup il est difficile, voire dangereux, entre autres dans ce qu'il est convenu de nommer le domaine des « **lettres** », de la montrer du doigt et, pis encore, de la mettre en cause.

Sans doute l'**activité de Représentation** est-elle un acquis de ce qu'il est possible, aujourd'hui, de nommer l'« **Évolution** », car c'est elle qui semble avoir été à la base des innombrables développements de l'espèce humaine.

Mais, en même temps, **cet acquis tend à devenir un leurre**.

La **Représentation** tend à devenir un leurre, car, à force d'être consubstantielle, quasiment, à l'espèce humaine, elle devient une opération qui, apparemment tout empreinte de **naturalité**, semble aller de soi, alors que, avec ses multiples manœuvres, il faudra y revenir, elle pourrait bien n'être jamais qu'une manière de **construction**.

Dès lors, **mettre la Représentation en cause**, revient, de façon plus ou moins marquée, et surtout pour ce qui relève de la **langue** (comme l'est ce qui est nommé, à l'ordinaire, le « **domaine des lettres** »), à critiquer une sorte de sacré, bref une manière de **tabou**.

Que, du moins pour toute une période, que prolonge l'actuelle, et qu'il me paraît falloir qualifier d'« **obscurantiste** », voire ressortissant à une sorte d'« **Ancien Régime intellectuel** », les résistances de la **Représentation** soient incessantes, il semble qu'on puisse en tenir pour trace l'activité, déjà, quand ils étaient en pleine vigueur, de plusieurs **Nouveaux Romanciers** eux-mêmes.

Pourriez-vous préciser ce qui permet de dire que ces résistances de la Représentation sont incessantes, et comment elles étaient actives, déjà, chez plusieurs Nouveaux Romanciers eux-mêmes ?

Que ces résistances soient incessantes, il paraît loisible d'en tenir pour trace deux phénomènes.

L'un, c'est, d'une façon générale, et si propice à la maintenance d'une **Représentation « naturelle »**, le retour, à peu près partout aujourd'hui, du « **sujet** » : non seulement le « **sujet** » comme **individu** (dont l'apparente singularité dissimule les manœuvres communes de la **Représentation**), sensible avec la crue d'un individualisme débridé, mais encore le « **sujet** » comme **thème** (dont l'abusive **prestance** offre une spéciale vigueur à ce qui n'est qu'un **effet de la Représentation**), sensible avec le présent enthousiasme pour ce qu'il est convenu de nommer l'Histoire.

À quoi l'on peut ajouter que ces deux penchants font leur rencontre avec l'actuel engouement pour l'**autobiographie**, dont s'efforce de tirer parti ce qui croit pouvoir s'appeler l'« **autofiction** », où, fût-ce fantasmagoriquement, l'**individu s'étale**, **dans la période qui le concerne**.

L'autre, c'est, d'une façon particulière, la rapidité avec laquelle le **Nouveau Roman** (lequel, selon mes vues, permettez-moi de le rappeler, était un mouvement de **mise en cause de la Représentation**) a été enterré, soit par un étrange « **oubli** » dans les journaux et les universités, soit sous les honneurs plus ou moins officiels (Nathalie Sarraute republiée dans la prestigieuse collection dite « **La Pléiade** », Claude Simon également, et, par surcroît, prix Nobel de Littérature, Alain Robbe-Grillet élu à l'Académie française).

Que ces résistances aient été actives, déjà, chez les **Nouveaux Romanciers**, et même se soient accrues avec l'époque, il semble possible de l'apercevoir avec trois autres événements.

Le premier, c'est, d'une façon à prime vue tout intellectuelle, et alors que j'envisageais, pour le **Nouveau Roman**, une conception de l'ordre du **positif** (à savoir, donc, selon une certaine homogénéité, la tendance à une **mise en cause de la Représentation**), la venue, de la part de plusieurs **Nouveaux Romanciers**, dès cette époque, d'une conception de l'ordre du **négatif** (à savoir, selon un certain hétéroclite, l'exclusif refus de ce qui était considéré, pour lors, comme le « **roman traditionnel** », permettant à chacun, car, de cette manière, ce refus pouvait s'exercer fort différemment, de croire beaucoup en la sienne singularité propre).

Le deuxième, c'est, d'une façon assurément tout institutionnelle, l'organisation, en 1982, par un quarteron d'entre eux, permettez-moi de le répéter, à mon total insu, à la New York University, d'un tardif autre « **colloque sur le Nouveau Roman** ».

À ce propos vous permettrez, je pense, que, ayant été, en ces temps, maintenu à l'écart (ce qui m'avait confirmé dans l'idée, sachons en prendre note, que la tâche de mise ensemble, avec ces quelques-uns, n'était vraiment guère praticable, et m'avait conduit à faire un peu autre chose, sur quoi je pense que nous reviendrons), de ne m'appesantir point trop à cet égard.

Le troisième événement, c'est, d'une façon apparemment toute personnelle, le tardif penchant, très humain en quelque sorte (car, avec la fin de la vie qui approche, grande est la tentation d'inscrire ce que l'on croit avoir été), pour l'**autobiographie** (nette, par exemple, avec *Enfance* de Nathalie Sarraute, biaisée avec certaines des ultimes publications d'Alain Robbe-Grillet), par laquelle le **sujet**, dans ses acceptions diverses, fait un flagrant retour.

À ce propos, toutefois, il convient d'émettre une hésitation.

C'est qu'il reste possible de s'interroger sur ces terminales **crues représentatives** selon l'**autobiographie** dans les ultimes livres de certains **Nouveaux Romanciers**.

Car elles peuvent relever, soit d'un cynisme bien réfléchi (respirer l'« **air du temps** » permet souvent de parvenir enfin aux honneurs), soit d'une croyance bien installée (le convenu qui demeure en dépit de ce qui a été écrit de subversif).

À mon avis, c'est la seconde option (qui marque, déjà active autrefois avec la conception d'un groupe bariolé, la prégnance de la *doxa* même chez des novateurs par ailleurs effectifs) qu'il sied de retenir plutôt.

La raison pour laquelle les Nouveaux Romanciers n'ont jamais produit une œuvre commune de type « manifeste » réside-t-elle donc dans cette dualité au sein du mouvement ?

En effet, si cette dualité est admise, alors il devient clair que plusieurs **Nouveaux Romanciers** n'ont pas tout à fait saisi la portée commune (celle, que je redise, d'une problématisation de la représentation) de ce que, chacun le faisant à sa manière, plusieurs **Nouveaux Romans** se trouvaient accomplir. Or dans la mesure où un **manifeste** est conduit à signaler, non point trop ce qui est particulier à chacun des signataires, mais plutôt ce qui leur est commun, et dans la mesure où ce qui est commun à plusieurs **Nouveaux Romans** semble avoir échappé à plusieurs des **Nouveaux Romanciers** qui les ont fabriqués, l'absence d'un **manifeste** ne saurait guère trop surprendre.

Alain Robbe-Grillet affirme : « Le Nouveau Roman ne fait que poursuivre une évolution constante du genre romanesque »[9]. Votre position semble alors aller à l'encontre de la sienne...

Cette position me paraît fournir un clair exemple à ce que je viens de prétendre.

En effet elle marque, me semble-t-il, du côté de cet écrivain, une certaine incompréhension de ce qu'étaient en train d'apporter, et, en tant que tel, le **Nouveau Roman** et, particulièrement, ses propres livres.

Certes, dès lors que ce qu'il est convenu d'appeler « **roman** » englobe, d'une part, une œuvre comme *La Princesse de Clèves*, et, d'autre part, une œuvre comme *À*

[9] Alain Robbe-Grillet, *Pour un Nouveau Roman*, *op. cit.*, p. 115.

*la recherche du temps perdu*, il est plausible d'évoquer une « **évolution constante du genre romanesque** ».

Cependant, et alors que, dans son propos, Alain Robbe-Grillet souligne une aimable continuité, j'ai souhaité, quant à moi, insister au contraire sur le tranchant d'une rupture, marquer nettement le **nouveau** qui était en train d'advenir avec le **Nouveau Roman**, à savoir la mise en cause de ce **pilier représentatif** que constitue le **récit**.

Mon opinion serait lors que, si l'on peut prêter à Robbe-Grillet le cynique jeu d'intégrer le **Nouveau Roman** à une conception bien admise, il est préférable de penser que, ne saisissant pas entièrement la portée de ses propres livres, il était soumis sans doute davantage qu'il ne le pensait à l'idéologie dont, notamment en ce cas, il subissait l'emprise.

Vous semble-t-il tout de même pertinent de désigner certains écrivains comme des précurseurs du Nouveau Roman ?

En utilisant le vocable « **précurseurs** », je crains que ce qui me paraît être les effectifs problèmes demeure toujours à l'écart.

En effet songer à des « **précurseurs** » revient à se placer dans une perspective où se succèdent certains **Auteurs**, et c'est que cette perspective, dans la mesure où elle s'appuie beaucoup sur des singularités prétendues, souffre de ce qui me paraît deux insuffisances majeures : l'une, celle de considérer, et alors que leur œuvre peut offrir des **aspects multiples**, les écrivains chacun suivant l'unité d'une personne ; l'autre, c'est, ainsi, d'éloigner de ce qui touche aux **mécanismes actifs dans les écrits eux-mêmes**.

Et donc, dussé-je, à cet égard, entrer un peu dans les détails, je souhaite fournir un exemple pour chacun de ces deux risques.

S'agissant, d'abord, de l'**aspect multiple des œuvres**, nul doute qu'un lecteur trop hâtif pourrait dire que Raymond Roussel peut être compté parmi les **précurseurs** du **Nouveau Roman**.

En effet, il a été l'objet de commentaires favorables, au moins implicitement, et d'Alain Robbe-Grillet, dans son livre *Pour un Nouveau Roman*, et de ma plume, dans mon ouvrage *Problèmes du Nouveau Roman.*

Seulement, ce qui se montre, quand on regarde les choses de moins loin, c'est que, en s'appuyant entre autres sur le livre de Roussel *La Vue*, Robbe-Grillet s'est surtout intéressé à l'un des aspects de l'œuvre roussellienne (la description détaillée), tandis que, pour ma part, en m'appuyant sur d'autres livres de Roussel tels que *Impressions d'Afrique* et *Comment j'ai écrit certains de mes livres*, c'est à un tout autre aspect (disons le caractère producteur de la rime) que j'ai accordé une attention.

S'agissant, ensuite, de ce qui touche aux **mécanismes actifs dans l'écrit lui-même**, je pense que le mieux est de regarder de près ce qu'il est ordinairement convenu d'appeler un « **texte** ».

Relisons donc ce très célèbre passage du roman *Madame Bovary* de Gustave Flaubert :

> On avait été chercher un pâtissier à Yvetot pour les tourtes et les nougats. Comme il débutait dans le pays, il avait soigné les choses ; et il apporta lui-même, au dessert, une pièce montée qui fit pousser des cris. À la base, d'abord c'était un carré de carton bleu figurant un temple avec portiques, colonnades et statuettes de stuc tout autour dans des niches constellées d'étoiles en papier doré ; puis se tenait au second étage un donjon en gâteau

> de Savoie, entouré de menues fortifications en angélique, amandes, raisins secs, quartiers d'oranges ; et enfin, sur la plate-forme supérieure, qui était une prairie verte où il y avait des rochers avec des lacs de confiture et des bateaux en écales de noisettes, on voyait un petit Amour, se balançant à une escarpolette de chocolat, dont les deux poteaux étaient terminés par deux boutons de rose naturelle, en guise de boules, au sommet[10].

En effet cette description, même si, dans ce cas, elle n'était pas immédiatement disponible, a été le terrain, au fil du colloque *Nouveau Roman : hier, aujourd'hui*, évoqué au début de nos échanges, d'une assez vive controverse, à mon sens instructive, entre Nathalie Sarraute et celui avec lequel présentement vous parlez.

Sachons donc, telle qu'elle se trouve dans cet ouvrage, reprendre cette controverse avec soin :

> Jean Ricardou : [...] Cela est d'ailleurs un aspect tout à fait théorisable, sans doute, du fonctionnement textuel. L'effet dépend de la longueur des séquences qui ne sont pas immédiatement contestées par le dispositif littéral du texte. C'est en somme une question de proportion calculée. Bien entendu, dans tous les textes, depuis qu'il y a des textes, la dimension littérale et la dimension référentielle sont prises dans ce jeu contradictoire. C'est un certain travail textuel qui, dans certains cas, rend possible l'extension de la dimension référentielle et dans d'autres, au contraire (c'est la modernité), accroît la dimension littérale. Je reprends rapidement l'exemple que j'ai analysé dans *Pour une théorie du Nouveau Roman*. Lorsqu'il s'agit pour lui de décrire les vêtements d'Agamemnon, Homère se trouve confronté à un problème de tension entre les deux dimensions référentielles et littérales. Pourquoi ? Parce que la dimension littérale (ici la suite obligée des mots) sera forcément *successive* tandis que la dimension référentielle (le costume d'Agamemnon vêtu) se présente comme un ensemble d'éléments *simultanés*.

[10] Gustave Flaubert, *Madame Bovary*, *Œuvres*, t. I, Paris, Gallimard, 1951 (1857), p. 317.

C'est un problème fondamental de description. Il y a deux solutions : la solution Homère, c'est de faire peu à peu s'habiller Agamemnon, c'est-à-dire donner au niveau référentiel une disposition successive au vêtement décrit, en séparant chaque élément par une action. Ainsi, entre la dimension référentielle et la dimension littérale, se dispose un rapport d'analogie entre deux successivités. Or, chaque fois que s'instaure ce rapport de convenance entre la fiction et la narration, c'est la dimension référentielle qui est privilégiée. On appelle cela communément : l'expressif. Flaubert pratique exactement le contraire dans *Madame Bovary*. Lorsqu'il s'agit pour lui de décrire le gâteau de noces simultané en toutes ses parties, il ne nous fait pas assister à sa fabrication selon la technique d'Homère qu'on vient de voir. Il le présente dans sa simultanéité (il est là, posé sur la table) et multiplie dans sa description les indications de successivité (« d'abord », « puis », « enfin »). Ces trois indications ne peuvent absolument pas se rapporter au gâteau décrit. Puisqu'il est là en son entier d'un seul coup, il ne peut être ni « d'abord », ni « puis », ni « enfin ». Alors, entre la simultanéité affichée de l'objet disons fictif et la successivité soulignée de la narration, se produit une contradiction féroce qui fait paraître la littéralité du texte. La solution de Flaubert (perçue idéologiquement comme maladroite) est moderne en ce que le texte, loin de s'y dissimuler, s'y déploie. Dans tous les textes, d'Homère à Flaubert, et jusqu'à aujourd'hui, ces deux dimensions luttent. Autrefois la dimension référentielle était prédominante, aujourd'hui (contre l'idéologie encore régnante) c'est plutôt la dimension littérale.

[...]

Nathalie Sarraute : Je veux bien être pendue si je vois quoi que ce soit de moderne dans la description de la pièce montée de Flaubert. Il me semble que je trouverai mille descriptions comme celle-là dans Balzac, évidemment... J'y vois moi une pièce montée que je peux regarder d'abord par la base ou en voyant le maître queux qui a commencé à faire une base, puis la bâtit comme ça...

Jean Ricardou : Votre lecture est déjà évoquée, placée et critiquée, dans *Pour une théorie...*

> Nathalie Sarraute : ... c'est-à-dire une impression de surcharge, de grossièreté, de quelque chose d'assez écœurant, d'énorme et de bourgeois. C'est pour cela qu'il fait cette accumulation de détails : on trouve cela dans toute la littérature du XIX$^{e}$...
>
> Jean Ricardou : Ce n'est peut-être pas tout à fait exact et en tout cas cela montrerait seulement que quelque chose était en train de travailler à l'insu des écrivains[11].

Ce qu'il me semble possible d'ajouter, maintenant, ce sont deux indications : l'une, c'est que le mécanisme évoqué, plus haut, par mes offices a été précisé, depuis, dans un mien livre ultérieur (*Une maladie chronique*) ; l'autre, c'est que l'écrit de Flaubert, que ni Nathalie Sarraute, ni moi, lors de cet échange, n'avions certes à disposition, contient de quoi renforcer, et la position de la romancière et, surtout, la... mienne.

Le roman *Madame Bovary* renforce la position de Nathalie Sarraute qui croit, entre autres, alors que dans la description elle-même il n'en est rien, voir le maître queux qui a commencé à faire une base.

En effet, avant le problématique passage, le soin est pris par le roman, avec la notation « **il avait soigné les choses ; et il apporta lui-même, au dessert, une pièce montée [...]** », de convoquer, en quelque sorte, et surtout par le segment « **il avait soigné les choses** », ce qui peut être nommé la fabrication pâtissière.

Mais, ce faisant, le roman, non sans un paradoxe, renforce ma position.

En effet, ce qui se montre, de cette façon, c'est, de sa part, un habile effort pour résoudre représentativement,

[11] Dans Jean Ricardou et Françoise van Rossum-Guyon (dir.), *Nouveau Roman : hier, aujourd'hui*, vol. 1, Paris, Hermann, 2011 (1972), pp. 31-33.

par avance, le problème de la difficulté représentative ultérieure elle-même.

C'est que, dans la mesure où la fabrication se trouve évoquée au préalable, les problématiques indications temporelles (« **À la base d'abord** », « **puis se tenait** », « **enfin** ») qui, ensuite, correspondent selon moi à la succession descriptive, s'en viennent recevoir, tout représentativement, une sous-jacente préliminaire raison d'être.

Mais s'il en va de cette façon, alors ces diverses préalables précisions représentatives (« **Comme il débutait dans le pays** », « **il avait soigné les choses** », « **et il apporta lui-même, au dessert** »), au lieu de seulement ajouter, comme d'une façon neutre, certains détails, s'avèrent remplir, au fil de la représentation, une précise fonction probatoire : celle de justifier représentativement ce qui va survenir d'une manière inéluctable quand la description, prolongée parce que précise, va échelonner de façon obligatoirement successive divers éléments contemporains.

Sous cet angle, ce qui est décrit relève donc, ici, non point trop, paisiblement, de ce qui est censément à décrire, mais plutôt, conditionnellement, de ce qui permet qu'une certaine ultérieure difficultueuse description reçoive une raison d'être.

À la suite de ces deux séries de remarques, l'une insistant sur la **diversité des œuvres** et l'autre analysant les **mécanismes actifs dans l'écrit même**, il pourrait donc bien être judicieux d'envisager, non point trop des **Auteurs** (qui, éventuellement, seraient des **précurseurs**), mais plutôt, et s'il le faut dans les détails, les **écrits eux-mêmes**.

Or ce qui se trouve paraître, de plus, en la circonstance, quand on opère de cette façon, c'est l'exemple d'un flagrant désaccord entre deux **Nouveaux Romanciers**, permettant que saillisse, chez tel d'entre eux, Nathalie Sarraute pour l'heure, la prégnance de la sempiternelle idéologie que, en problématisant les éléments du récit, le **Nouveau Roman**, selon mes vues, a diversement battu en brèche.

Dans *Problèmes du Nouveau Roman* (1967) et *Pour une théorie du Nouveau Roman* (1971), vous avez également introduit des analyses sur Poe, Flaubert, Proust, Roussel, Valéry. Considériez-vous que ces écrivains appartenaient au même mouvement que Sarraute, Robbe-Grillet, Butor, etc. ?

Ce qu'il faut bien garder en mémoire, et sachant qu'ils ont été rédigés, chacun, auparavant, c'est la date de ces deux ouvrages : 1967 et 1971. Or, du moins si l'on accepte l'idée que le **Nouveau Roman** s'est établi, comme tel, avec le colloque de Cerisy *Nouveau Roman : hier et aujourd'hui*, en 1971, il semble possible d'admettre qu'à l'époque où ces deux premiers livres théoriques ont été mis en place, la précise constitution du **Nouveau Roman** ne s'était pas encore produite, de telle sorte qu'il était loisible de songer, du moins quant aux mécanismes que je crois lors avoir fait saillir, aux écrivains dont vous avez cité les noms, à un mouvement assez général, qui était, selon mes vues, celui du **Nouveau Roman**, et qui, aujourd'hui, m'apparaît comme une **mise en cause de la représentation**.

Pourriez-vous expliquer quelle a été l'importance de la phénoménologie, d'un côté, et celle de la linguistique structurale, de l'autre, dans l'élaboration du Nouveau Roman ?

S'agissant de l'une comme de l'autre, cette importance, à la supposer, peut avoir été, non point clairement directe, mais bien seulement indirecte.

Elle ne saurait avoir été directe à cause du manque de formation à ces égards, et donc, par voie de conséquence, d'information, de la plupart des **Nouveaux Romanciers**.

En effet, sauf peut-être Michel Butor, aucun d'entre eux ne semble avoir suivi d'études approfondies, ni en philosophie, ni en linguistique.

Cependant, comme la phénoménologie inondait largement, depuis de nombreuses années, la philosophie, jusqu'à fournir, en tout cas dans ce qu'il paraît loisible de nommer le « **milieu intellectuel** », une manière d'« **air du temps** », et que la linguistique structurale s'était déployée surtout dans l'« **Après-guerre** », il n'est peut-être pas abusif de prétendre que ces deux courants étaient, pour le dire ainsi, « **dans le vent** » et qu'ils ont pu contribuer, dès lors, à une certaine tournure de pensée au moment où s'écrivaient plusieurs parmi les ouvrages des **Nouveaux Romanciers**.

Toutefois, il ne faudrait pas fournir, à cette possibilité, plus d'importance qu'elle ne mérite.

C'est que, si la linguistique structurale, en insistant sur le rôle des structures, a pu encourager plusieurs **Nouveaux Romanciers**, dont Michel Butor (notamment avec *L'Emploi du temps*), Alain Robbe-Grillet (notamment avec *Les Gommes*), Claude Ollier (notamment avec *La*

*Mise en scène*), à fournir des romans dans lesquels la construction tenait un rôle capital, en revanche la phénoménologie pourrait bien avoir joué un rôle plus ambigu.

Ainsi, dans la mesure où, en réaction avec la « **pensée des Lumières** », toute requise par la raison et la généralité, elle recommandait, en quelque façon, de « **sauver les choses mêmes** », la phénoménologie a pu encourager un Alain Robbe-Grillet à beaucoup décrire et à croire, ce qui, dès lors qu'on étudie avec soin (par exemple la description du gâteau dans *Madame Bovary*), pourrait bien ressortir à un simplisme fâcheux, que la description donne un franc accès direct, sinon aux choses mêmes, du moins à celles qui sont imaginées.

# 2

# Quelques enjeux théoriques du Nouveau Roman

Le Nouveau Roman est-il, à vos yeux, un mouvement réaliste ?

Il me semble que cette question se divise en deux difficultés : l'une, vient de l'idée que porte le vocable « **réaliste** » ; l'autre, et même à supposer que le **Nouveau Roman** soit ce qui a été déterminé par mes offices pratiques (avec la tenue du colloque de Cerisy dont il a été déjà parlé) et théoriques (avec les réflexions que j'ai été conduit à diversement émettre, notamment dans mon livre *Le Nouveau Roman*), consiste en l'éventualité que le vocable « **réaliste** » lui convienne.

S'agissant, d'abord, de l'idée que porte le vocable « **réaliste** », il me semble opportun de mettre en jeu quatre précisions.

Dans un premier temps, ce qu'il paraît loisible d'appeler « **réalité** », et même si le terme, qui paraît venir du latin « **res** », porte une idée déjà plutôt biaisée, c'est, à partir d'un ensemble de stimuli, ce qui provient d'un complexe couple d'activités : d'une part, certaines **sensations**, fournies par divers **capteurs** (qui sont appelés souvent les cinq sens) et, d'autre part, certaine **intégration**, fournie, à ce qu'il semble, par un **intégrateur** (le cerveau), sachant, ce qui est facteur de complexité, que cette **intégration** peut influencer, par elle-même, l'activité de ces **capteurs**, ainsi qu'il appert avec la provisoire difficulté de qui en arrive sur le tard à la vue, de faire se correspondre la couleur et l'objet.

Ainsi, et pour se contenter du très rudimentaire, il est courant de penser, pour ce qui est appelé communément une certaine chose, qu'elle est rouge, alors que cette **interprétation** n'est possible que pour qui est titulaire, d'une part de certains **capteurs** (dont l'œil et, fût-ce à distance, le toucher), et, d'autre part, d'un certain **intégrateur** (semble-t-il donc le cerveau) capable de mettre ensemble les diverses **sensations** obtenues.

Par suite, ce préalable, hors d'atteinte autrement, peut, puisqu'il est premier, être appelé « **réalité primordiale** », ou « **réalité d'ordre un** ».

Dans un second temps, ce qu'il paraît loisible d'appeler « **réalité** », c'est le **résultat** provoqué par ces **capteurs** et cet **intégrateur**. La « **chose** » advient lors avec l'intégratif cumul de telles **sensations**, et chacune de ces **sensations** devient, pour cette « **chose** », une parmi ces caractéristiques. Or ce **résultat**, variable avec l'évolution des **capteurs** de l'**intégrateur**, peut devenir fallacieux sitôt que ce qui n'est jamais qu'un **relatif** (relatif à des **sensations** et à leur **intégration**) est pris pour un **absolu** (l'absolu de cette « **chose même** »). Si, néanmoins, il se trouve en vigueur, c'est que, chacun prenant les siennes **sensations** et leur **intégration** pour ce qu'elles ne sont point, il semble **aller de soi**.

Par suite, et en ce qu'il est le fruit d'une certaine opération qui, comme telle, est datée, ce résultat, qui, lors, change avec les époques, peut être appelé « **réalité seconde** », ou « **réalité d'ordre deux** ».

Dans un troisième temps, il paraît loisible d'appeler « **réaliste** », d'une part, la prétention d'atteindre, avec des **offices représentatifs** (soit linguistiques, soit iconiques), cette variable « **réalité d'ordre deux** », et, d'autre part, l'intérêt qu'il y a à le faire. Or, cette position, c'est à double titre qu'elle pourrait bien être trompeuse : et quant à sa **base** car elle confère une importance majeure à ce qui, suspecte justement si elle est prise comme première, n'est jamais qu'une changeante « **réalité d'ordre deux** » ; et quant aux **moyens** car elle s'appuie sur la croyance que les **offices représentatifs** permettent un plein accès à cette « **réalité seconde** », croyance qui n'est guère différente de ce qui a été nommé l'« **illusion réaliste** », ou, mieux, « **illusion représentative** » autorisant ce qui peut être nommé « **réalisme naïf** ».

Dans un quatrième temps, il semble permis de songer à une certaine activité qui, sachant battre en brèche cette **illusion représentative**, pourrait, restreignant une berlue, être nommée, quant à elle, « **réalisme averti** ». Et il paraît avoir été possible de montrer que maints **Nouveaux Romans**, parce qu'ils en contestent les majeurs piliers (notamment le **personnage** ainsi que je crois l'avoir fait saillir dans ma conférence inaugurale, « Le Nouveau Roman existe-t-il ? », au Colloque de Cerisy sur le Nouveau Roman, et le **récit**, comme je crois l'avoir montré dans mon livre *Le Nouveau Roman*), procédaient à une certaine **mise en cause de la représentation**.

Cependant, force est de l'admettre, cette conception du rôle des **Nouveaux Romans** n'est pas venue sans que s'estiment heurtés dans certaines de leurs convictions plusieurs des **Nouveaux Romanciers** qui les avaient fournis. Pour le montrer, il suffit peut-être d'un couple d'événements.

Le premier s'est produit avec le débat qui m'a opposé, je l'ai évoqué tout à l'heure, à Nathalie Sarraute pendant le Colloque de Cerisy sur le Nouveau Roman. En effet, tandis que je m'efforçais de faire saillir les difficultés représentatives inhérentes, dans *Madame Bovary*, à la description, qui ressortit à une successivité, du gâteau de noces, qui pour sa part relève d'une simultanéité, la romancière, tout à l'inverse, a tenté de les restreindre.

Le second est survenu avec le propos d'Alain Robbe-Grillet notant que, ayant quelque jour eu l'occasion d'observer tel palmipède marin, il s'était rendu compte de l'intérêt, dans son roman *Le Voyeur*, plutôt pour « **la mouette qu'il avait dans la tête** ». En effet il se pourrait bien que ce propos trahît une **illusion masquée**. **Masquée** dans la mesure où ainsi se montrait contestée, certes, puisque lors se trouvait en jeu autre chose que ce qui est possiblement vu, la croyance que tel roman parle des « **choses mêmes** ». **Illusion** parce qu'une autre croyance se trouvait en ce cas maintenue, celle, correspondant, même si d'une façon décalée, à l'**illusion réaliste**, selon quoi ce qui est « **dans la tête** » et ce qui est représenté sur la page sont identiques. Or, si peu qu'on y pense, il s'avère qu'il n'en va point ainsi, car le vocable qui se rencontre dans *Le Voyeur* est, non point « **goéland** » comme, à peu de chose près, il eût été possible, mais bien « **mouette** », ce qui, et à double titre, est plutôt différent : d'une part, à cause du genre grammatical (le féminin au lieu du masculin) et, d'autre part, à cause de la terminaison en « **ette** », laquelle, rappelant celle du vocable « **fillette** », provoque un suffisant rapprochement pour que mentionner la « **mouette** » soit déjà quelque peu évoquer telle « **fillette** ».

Sous cet angle, la réponse à la question « **Le Nouveau Roman est-il, à vos yeux, un mouvement réaliste ?** » ne saurait donc être qu'un peu compliquée, dans la mesure où il semble falloir admettre simultanément deux idées plutôt différentes, d'un côté, celle que certains **Nouveaux Romans** correspondent à un « **réalisme averti** » issu d'une problématisation de la représentation, et, d'un autre côté, celle que certains **Nouveaux Romanciers** campent sur un « **réalisme naïf** » en se maintenant dans une certaine « **illusion représentative** ». Ce qui revient à concevoir une position un peu forte, la mienne, selon laquelle certains **Nouveaux Romans** accomplissent davantage que ce que se plaisent à croire certains des **Nouveaux Romanciers** qui les ont fabriqués.

## Quels liens peut-on établir entre le Nouveau Roman et le cinéma ?

Il est attirant, certes, et pour deux **apparentes bonnes raisons**, d'établir des liens particuliers entre le cinéma et le **Nouveau Roman**.

La **première apparente bonne raison**, c'est qu'il s'agit, pour le cinéma comme pour le **Nouveau Roman**, d'activités tardives, c'est-à-dire potentiellement nouvelles.

En effet le cinéma s'est popularisé plutôt au début du XX$^{e}$ siècle, tandis que le **Nouveau Roman** s'est activé plutôt dans sa deuxième partie.

La **seconde apparente bonne raison**, c'est que l'un, au moins, des **Nouveaux Romanciers**, Alain Robbe-Grillet, a fini par devenir scénariste, puis réalisateur de films.

Cependant, chacune de ces **apparentes bonnes raisons** pourrait bien induire en erreur.

Quant à la **première**, il semble périlleux d'associer des choses qui ne sont proches que si elles ne sont pas approfondies.

Il est exact que le cinéma et le **Nouveau Roman** sont, l'un et l'autre, des activités tardives, et, lors, potentiellement nouvelles, mais cette commune nouveauté relève de séries radicalement différentes : le cinéma est ce qu'il est convenu d'appeler un **« art » nouveau** (« **le septième art** ») ; le **Nouveau Roman** est une nouvelle manière de travailler dans un **« art » ancien** (celui des **écrits fictionnels**).

Dès lors imaginer sous cet angle un rapprochement entre eux pourrait bien relever d'une façon d'abus.

Quant à la **seconde raison**, mieux vaut apercevoir qu'elle peut ressortir à une méconnaissance des spécificités respectives.

Il est exact qu'Alain Robbe-Grillet, d'abord romancier, en est venu à réaliser des films dont il avait composé le scénario, mais ce passage d'une activité à l'autre pourrait bien avoir été favorisé, chez celui-ci, par un discernement insuffisamment précis quant à la primitive activité romancière, telle qu'il a cru pouvoir la pratiquer.

En effet si un roman et un film relèvent, pour une certaine part, identiquement d'un scénario, ce qu'ils offrent, dans leurs mécanismes, est d'une espèce plutôt différente.

Croire, comme cela semble avoir été, que l'image offerte par un film équivaut à une description telle qu'il est possible d'en faire paraître les intrinsèques vertus, c'est s'abandonner entièrement à l'**effet de Représentation** qui égalise l'une et l'autre.

À cet égard, il est instructif d'apercevoir une inflexion des manières de cet écrivain qui, probablement sous l'influence de son activité cinématographique, en est venu, dans ses dernières œuvres romanesques, à faire tenir un rôle toujours moins décisif aux descriptions.

## Quelle est l'importance du regard dans le Nouveau Roman ?

Dans une première phase, c'est-à-dire avant que le **Nouveau Roman** ait été construit avec quelque rigueur, il a parfois été question, surtout dans la presse journalistique, pour en parler, de formules diverses.

Ainsi, en s'appuyant sur la publication de plusieurs **Nouveaux Romanciers** chez le même éditeur (les éditions de Minuit), a surgi, je l'ai rappelé tout à l'heure, la formule « **École de Minuit** ».

Ou encore, en s'appuyant sur une effective abondance descriptive, d'abord chez Alain Robbe-Grillet (notamment avec *Les Gommes*, *Le Voyeur*, *La Jalousie*), puis chez Claude Ollier (notamment avec *La Mise en scène* et *Le Maintien de l'ordre*), et chez moi-même (notamment avec *L'Observatoire de Cannes*), voire chez Claude Simon (avec *Le Vent* et *La Route des Flandres*), d'autant plus sensible que ne l'équilibrent, le plus souvent, en ces cas, ni les digressions psychologiques, ni les réflexions d'ordre général, a surgi la formule « **École du regard** ».

Cependant, s'il y a quelque motif d'accorder, et d'autant plus si elle paraît neutre, et, donc, apparemment « **objective** », la description avec la vue, il me semble que les assimiler complètement l'une à l'autre relève d'une **naïveté idéologique**, à laquelle, du reste, je ne suis pas sûr que plusieurs des écrivains en cause se soient soustraits.

Il s'agit d'une **naïveté** car il suffit d'un rien de recul, dont témoigne, me semble-t-il, notamment, l'examen que j'ai accompli (ainsi, du reste, que le rappelle une précédente mienne longue remarque), du célèbre « **gâteau de noces** » dans *Madame Bovary*, pour saisir que la description est un peu loin de fournir un exact corrélat de ce qui est vu, et, donc, que seule une inattention laisse croire qu'elle est un sûr moyen direct qui permet au lecteur d'y accéder.

Et il s'agit d'une **idéologie** car elle repose sur une omniprésente pensée : celle, comme « **naturelle** » jusqu'à former une espèce de « **milieu intellectuel** » dans lequel chacun baigne, de la **Représentation**.

Que la **Représentation**, en tout cas, obtenue avec ce qu'il est convenu de nommer des « **lettres** », soit un peu loin de fournir un exact corrélat de ce qui est offert par le regard, voilà qui se montre clairement, sitôt qu'on s'avise d'au moins deux caractéristiques descriptives.

La première, je l'ai évoquée tout à l'heure, est du registre de l'**inadéquation structurale**.

C'est qu'une description, que cela soit rappelé, et dès lors qu'elle affecte ce qu'il est convenu d'appeler un objet, et d'autant plus qu'elle se fait précise, se heurte, laissez-moi y revenir, à une impropriété de principe.

Car un objet se présentant toujours dans la **simultanéité** de ses parties, il ne saurait être facilement rendu comme tel par une description qui, tout à l'inverse, relève d'une inéluctable **successivité verbale**, celle de la suite des mots qui la composent.

Permettez-moi de redire que ce phénomène trop méconnu m'a paru d'une importance suffisante pour que je lui consacre tout un petit livre en 1989 : *Une maladie chronique : problèmes de la représentation écrite du simultané*.

La deuxième caractéristique, laissez-moi l'ajouter, est du registre de la **sur-relation syntaxique et lexicale**.

C'est que la particulière insistance des mots réside, non seulement, comme je viens de le mentionner, dans leur inéluctable **successivité**, mais encore dans leur... **apparence** elle-même.

Ainsi, et pour prendre un exemple sans trop de complexité, si, à l'une de ses pages, un livre déclare « **Il vit un grand arbre vert ; c'était un peuplier** », et quelques pages plus loin « **Elle vit un grand arbre vert ; c'était un marronnier** », ce qui sera en jeu, et bien que la vue soit chaque fois convoquée, outrepasse complètement le regard.

En effet, il existe entre ces deux segments écrits des rapports beaucoup plus nombreux et beaucoup plus étroits que ceux qui ressortissent à la seule vue.

Par exemple, sous l'angle du regard, le peuplier et le marronnier s'offrent bien, quand la saison s'y prête, comme de « **grands arbres verts** », mais, en même temps, ne serait-ce que par la silhouette (quand ils ne sont pas taillés, plus élancée pour le peuplier, plus ramassée pour le marronnier), **ils se différencient immédiatement l'un de l'autre quant à la vue**.

Or, si un écrit emploie, pour chacun d'eux, la **même** formule « **grand arbre vert** », c'est, entre eux, au moins un instant, un surcroît d'**identité** qui s'installe.

Et, bien sûr, il y a davantage en l'espèce.

Car, outrepassant le regard, ce qui est à l'œuvre, ici, n'est rien de moins que deux autres **identités verbales** : l'**identité de la fin des vocables** et l'**identité de la construction syntaxique**.

Or cela entraîne des conséquences, non seulement pour les arbres tels qu'ils sont énoncés, mais encore pour les protagonistes eux-mêmes.

Pour les **arbres énoncés**, survient une **ressemblance** qui excède tout regard (en vertu de leur commune terminaison, un **peuplier** se trouve plus semblable à un **marronnier** qu'à un **bouleau** ou à un **chêne**).

Pour les **protagonistes eux-mêmes**, survient un **rapprochement** qui excède également tout regard (alors que le récit, éventuellement, peut les avoir mis à distance, l'identique construction syntaxique dans laquelle les deux pronoms sont pris suscite des liens intrinsèques, de telle sorte que survient, entre eux, par les spécifiques offices de l'**écrit**, une toute spéciale proximité).

L'envie de confondre la description avec ce qui est vu relève ainsi, tout idéologiquement, de ce qu'il est convenu d'appeler « **l'illusion réaliste** », et elle revient, sous l'emprise de l'**effet représentatif**, à ne pas trop lire ce qui se trouve effectivement écrit.

Or, dans la mesure où, pour certains ouvrages, les nombreuses descriptions offertes sont spécialement travaillées, le **Nouveau Roman** comporte, certes avec une tout autre complexité, des phénomènes de cet ordre, et par suite, s'agissant du regard, il semble judicieux d'avancer que, tout à la fois, il l'**implique** et, intrinsèquement, l'**outrepasse**.

## Voyez-vous des rapports entre le Nouveau Roman et « l'art pour l'art » ?

À la suite des propos que je viens de tenir, il m'est possible de répondre en manifestant une condition et une observation.

La **condition**, c'est que la formule « **l'art pour l'art** » soit éclaircie et ne se résume pas, toute obtuse, à une sanctification de ce qui pourrait bien ressortir, plutôt, à la spécificité d'un certain travail, notamment quand elle est verbale, sur la matière.

Cette spécificité réside, entre autres, vis-à-vis de l'**effet représentatif**, et particulièrement, je viens de le souligner, quand la matière est verbale, dans une **inadéquation structurale** et dans une **sur-relation syntaxique et lexicale**.

L'**observation**, c'est que la doctrine de « **l'art pour l'art** », chère, pour certains, au fil du XIX^e siècle, et qui perdure encore, du reste, chez plusieurs aujourd'hui, à la fois se trouve **correspondre à**, et, en son insuffisance, **dissimuler** un problème effectif.

Elle **correspond** à un problème effectif car (et je songe à Flaubert évoquant un « **livre sur rien** » et qui tiendrait par la seule force du style) elle fait saillir la prééminence, et pour le dire ainsi, de ce qui a été nommé la « **forme** » sur ce qui a été nommé le « **contenu** ».

Elle **dissimule** ce problème effectif car, en son outrance, elle cache que le mécanisme relève des spécificités, certaines aporétiques, de la **Représentation** qu'il est possible de mettre en lumière, du reste, ce à quoi s'applique la **textique** dont, je pense, nous aurons à parler, non point d'une certaine **déstructuration**, mais bien, comme j'ai essayé de le montrer quant au **Nouveau Roman**, d'une **surstructuration** faisant droit à telle matérialité requise dans l'**exercice représentatif**.

## Serait-il légitime de rapprocher le Nouveau Roman de ce qui a été nommé « Le théâtre de l'absurde » ?

Je n'en suis pas tout à fait sûr et, cela, au moins pour deux raisons.

La **première**, c'est que si le **Nouveau Roman** et ce qui a été appelé, par quelques-uns, « **Le théâtre de l'absurde** » ont été, d'une façon très approximative, contemporains (ils sont advenus, l'un et l'autre, dans ce que j'ai nommé plus haut l'« **Après-guerre** »), les rapprocher reviendrait à souffrir un couple d'insuffisances.

L'une tient à une **inégalité** dans les respectives **constitutions**.

Si l'on peut admettre que le **Nouveau Roman** a bénéficié d'une **constitution plutôt solide** (comme il a été précisé plus haut, avec, en 1971, le colloque de Cerisy *Nouveau Roman : hier, aujourd'hui*), en revanche il n'en va aucunement de même pour ce qui a pu se voir nommé « **Le théâtre de l'absurde** ».

Ainsi, ont bien existé, à une époque, des pièces jouées dans des théâtres d'infime contenance (comme **Le théâtre de la Huchette** ou le bien nommé **Théâtre de poche**), mais il semble difficile d'établir certains éléments communs à *Les Chaises* d'Eugène Ionesco et à *Ping-pong* d'Arthur Adamov, par exemple, pièces qui l'une et l'autre y ont été jouées, et d'apercevoir, entre les écrivains concernés, fût-elle implicite, une commune positive stratégie par les offices de laquelle eût pu être constitué un ensemble plus ou moins cohérent.

L'autre vient de ce qu'il me semble pouvoir être appelé une **confusion idéologique**.

En effet chaque fois qu'une certaine chose censée d'importance, telle que, pour l'heure, la **Représentation** se trouve mise en cause, il est séduisant de toujours croire que c'est « **par le bas** », sous les espèces, en somme, d'une certaine **détérioration**.

Ainsi, s'agissant de l'**exercice représentatif**, il est engageant de croire qu'il ne peut être battu en brèche que, selon une certaine « **mise en cause du sens** », bref un certain absurde, par les offices d'une **destruction**.

Or ce que, même si selon encore un peu de flou, j'étais en passe de faire saisir, à l'époque, c'est que si le **Nouveau Roman** mettait en crise la **Représentation**, c'était, non point « **par le bas** », selon une certaine **sous-structuration**, mais bien « **par le haut** », selon une certaine **surstructuration** des éléments qui en assurent la venue.

Et, du coup, si l'on considère que l'absurde, en la désorganisant, conteste la **Représentation « par le bas »**, le rapprocher du **Nouveau Roman**, qui pourrait bien la contester « **par le haut** », serait, toute idéologique, une manière de ne pas trop saisir cette différence majeure.

[illegible]

# 3

# Le contexte historique et l'évolution du Nouveau Roman

### Pourquoi le Nouveau Roman a-t-il vu le jour à cette époque-là ?

L'on peut certes se demander pourquoi tel événement, ici dans le domaine dit des « **lettres** », s'est produit à une époque plutôt qu'à telle autre.

Mais il semble que cette interrogation, quant à elle, mériterait une formulation plus rigoureuse, et d'une rigueur telle que l'affaire, pour l'instant, paraît quelque peu hors d'atteinte.

En effet ce qu'il faudrait que fussent définis en grande clarté, c'est, au moins, non seulement les éléments prétendument concernés dans leur action les uns sur les autres, mais encore leurs évolutions respectives.

Dès lors, tant que ces composants ne sont pas rigoureusement établis, il me paraît que tendent à survenir, sur ce point, et tout empreintes d'idéologie, des positions assez simplistes.

Cependant, après que ces précautions ont été prises, il semble permis de noter que la société française, une fois franchi l'immédiat **« Après-guerre »** et ayant largement relevé ses ruines, présentait une vigueur qui, inclinant aux directions inédites, encourageait certains milieux à une attention pour la nouveauté plus grande que dans la période actuelle qui, très soucieuse de commémorations, se tourne beaucoup vers un passé du reste plutôt mythique.

## Pourriez-vous développer davantage le rôle de la guerre dans l'apparition du Nouveau Roman ?

S'il est possible de noter, mais, bien sûr, je le répète, avec précaution, que l'« **Après-guerre** » a ouvert une période plutôt favorable aux innovations intellectuelles, et, par suite, au **Nouveau Roman**, c'est que, en outre, par elle-même, la Seconde Guerre mondiale a constitué, au moins en France, une manière de césure en provoquant, et une certaine **disqualification**, et une certaine **péremption**.

Une certaine **disqualification**, car plusieurs écrivains qui avaient été liés, et pour certains beaucoup, à une « **collaboration avec l'occupant** », se sont trouvés plutôt discrédités.

Une certaine **péremption**, car maints autres, suffisamment âgés pour avoir publié dans ce qui était devenu l'« **Entre-deux-guerres** », se sont vus plutôt datés, c'est-à-dire, en quelque sorte, plutôt démodés.

Cependant, qu'il me soit permis d'insister, il me paraît difficile d'accorder à ces circonstances, car, en somme, elles sont plutôt générales, un rôle particulièrement décisif dans la venue du **Nouveau Roman**.

## S'agissait-il d'une « ère du soupçon », pour reprendre une expression de Nathalie Sarraute ?

Il y a un **réel avantage**, certes, à reprendre une formule de Nathalie Sarraute, mais il y a aussi, peut-être, un **léger inconvénient**.

Le **réel avantage**, c'est, bien sûr, s'agissant de saisir les circonstances dans lesquelles est apparu le **Nouveau Roman**, celui de recourir à une formule mise en circulation par l'un des écrivains qui semblent en avoir fait partie.

Le **léger inconvénient**, c'est que, dans la mesure où cette formule correspond au titre d'un livre et que ce livre traite, même si à propos d'une seule question (celle de la progressive destitution du personnage, notamment balzacien), d'un ensemble de problèmes, ce sont ces problèmes qui, avec le risque de rendre complexe ma réponse, pourraient bien se voir impliqués.

Devant cet obstacle, j'estime préférable d'être moins vague que je l'ai été dans mon écho précédent quant à la situation de l'« **Après-guerre** » au sein de laquelle a pris corps le « **Nouveau Roman** ».

À cet égard, je dois donc rappeler que, s'il y a eu, en France, un certain « **Après-guerre** », cet « **Après-guerre** » n'a pas été, lui-même, dépourvu de... guerres.

C'est que, une fois terminée la Seconde Guerre mondiale, laquelle, ainsi qu'on sait, a duré de 1939 à 1945, s'est ouverte, pour la France, une période au cours de laquelle se sont enchaînées deux guerres moindres, si l'on peut dire, liées, pour leur part, à la décolonisation : de 1946 à 1954, la **guerre d'Indochine**, puis, de 1954 à 1962, ce qui a été nommé les « **événements d'Algérie** », à savoir, plutôt, la **guerre d'Algérie**.

Or le propre d'une guerre extérieure, n'est-ce pas, c'est qu'elle tend à s'accompagner, intérieurement, sinon d'une guerre civile, au moins d'une vigoureuse animosité entre deux camps nettement adverses.

Ainsi, à cette époque, les deux guerres de la décolonisation ont aiguisé, en France, une sévère opposition entre celles et ceux qui avaient pris l'option d'un maintien des colonies et celles et ceux qui, choisissant, en somme, le camp de la décolonisation, avaient pris l'option d'un refus de ces guerres.

D'une façon très sommaire, il semble possible de dire que ceux-là correspondaient plutôt à la « **droite** » et ceux-ci plutôt à la « **gauche** ».

Par exemple, pendant la **guerre d'Indochine**, Jean-Paul Sartre, dont les sympathies pour la gauche n'étaient pas inconnues, s'était trouvé, avec son livre *L'Affaire Henri Martin*, secourir un soldat communiste accusé d'avoir commis un certain sabotage.

Or divers événements, au moins à deux reprises, allaient compliquer cette situation : d'abord à Poznan (en Allemagne de l'Est, sous influence soviétique), puis à Budapest (en Hongrie, soumise à la même influence), des révoltes, matées par la force, assurèrent que, si prometteur eût-il paru à d'aucunes et d'aucuns, le communisme ne fonctionnait pas trop.

Ainsi le camp des anticolonialistes, rassemblé dans la lutte contre les guerres coloniales, s'est vu nettement divisé entre ceux qui demeuraient partisans du système soviétique et ceux qui, plus ou moins, en étaient restés ou en étaient devenus les contempteurs.

De cette manière, la « **gauche** » anticolonialiste s'est trouvée divisée en deux : d'un côté, le parti communiste avec ses « **compagnons de route** » ou sympathisants de toute farine, et, d'un autre côté, celles et ceux qui appartinrent à ce qui en vint à prendre le nom de « **Nouvelle Gauche** ».

Et comme cette gauche non communiste, voire anti-communiste, était dépourvue d'une « **solution à long terme** » telle que le communisme, un assez long temps, avait paru l'offrir, c'est l'exigence d'un certain « **principe de nouveauté** », d'autant mieux venu qu'un peu vague, qui, dans ces milieux, semble avoir fini par se trouver implicitement en vigueur.

Ainsi, dans le domaine habituellement dit « **littéraire** », c'est un des participants à la revue *Arguments* (aux éditions de Minuit), plutôt proche d'une **gauche non communiste**, Roland Barthes, qui, à sa manière, soutint les débuts du **Nouveau Romancier** Alain Robbe-Grillet, et, en revanche, c'est un homme plutôt « **à droite** », Pierre de Boisdeffre, qui, dans son pamphlet *La Cafetière est sur la table*, s'efforça, mais ne réussissant, me semble-t-il, à convaincre que les seuls convaincus, de l'abattre.

## Quelle a été la réception du Nouveau Roman en France et à l'étranger ?

Comme ce qui m'intéresse surtout est davantage ce que le **Nouveau Roman** pourrait bien avoir permis de commencer à faire comprendre que la manière dont il a été reçu, je ne suis certainement pas le mieux placé pour fournir ici une réponse, et je m'en tiendrai donc à des repères très succincts.

Quant aux **éditeurs français** (qu'il faut prendre en compte car il s'agit, avec eux, dans la mesure où les « **manuscrits** » sont concernés, d'une réception primitive), il semble que la nouveauté en train d'advenir ait quelque peu effarouché, en tout cas dans les débuts, ceux qu'il est convenu de nommer les « **Grands Éditeurs** ».

Ainsi, c'est dans une maison d'édition d'une moindre taille, les éditions de Minuit, qu'ont été publiés, je pense notamment à *Les Gommes* d'Alain Robbe-Grillet, à *Passage de Milan* de Michel Butor, à *La Mise en scène* de Claude Ollier, à *Le Vent* de Claude Simon, à *L'Observatoire de Cannes*, de ma propre plume, voire à *Tropismes* de Nathalie Sarraute, nombre des premiers ouvrages d'importance qui semblent pouvoir faire partie de l'ensemble dit « **Nouveau Roman** ».

Quant aux **périodiques français** (qu'il faut aussi prendre en compte car il s'agit, avec eux, dans la mesure où ce sont les livres à leur sortie qui sont concernés, d'une réception rapide), il semble que l'accueil ait été largement lié aux options politiques, elles-mêmes associées à une certaine forme de pensée.

Ainsi une presse plutôt « **de droite** », et intellectuellement conservatrice, dont, à cette époque, *Arts-Spectacles* ou *Le Figaro littéraire*, ont adopté des attitudes franchement hostiles, tandis qu'une presse plutôt « **de gauche** », et intellectuellement progressiste, dont, à cette époque, *L'Express*, *France-Observateur*, voire *Le Monde*, lui ont plutôt apporté un soutien.

Quant à l'**Université française** (qu'il faut non moins prendre en compte car il s'agit, avec elle, dans la mesure où c'est la pénétration des livres dans un assez large milieu intellectuel qui est concernée, d'une réception réfléchie), il semble que l'accueil ait été, tout à la fois, et tardif, et mitigé.

Tardif car, dans son principe, l'Université est encline à un temps d'examen.

Mitigé car l'acceptation de ces ouvrages un peu nouveaux semble être advenue d'une façon éparse.

Quant au **lectorat français** (qu'il faut prendre en compte, certes, également, car, avec lui, c'est l'essentiel, finalement, qui pourrait bien être en cause), il semble que l'acceptation ait été plutôt inégale.

Si, sous cette vue, et favorisé par un « **prix littéraire** », *La Modification*, troisième roman de Michel Butor, a été ce que l'on appelle un « **succès de librairie** », en revanche *La Jalousie*, troisième roman d'Alain Robbe-Grillet, malgré (ou peut-être... à cause d') une prépublication dans la revue *NRF*, ne s'est vendu, la première année, qu'à quelques petites centaines d'exemplaires.

Quant à l'**étranger** (qu'il faut aussi prendre en compte car, avec lui, survient une réception étendue), et pour le peu que je sache, c'est dans les grandes Universités nord-américaines, amplement ouvertes, en général, à ce qui vient d'Europe, que s'est manifesté, assez vite, un accueil plutôt favorable.

S'il fallait donc fournir une certaine intelligibilité à cette acceptation faite de hauts et de bas, peut-être conviendrait-il d'apercevoir, outre la variété des instances en cause et la diversité des courants qui les traversent, la difficile pénétration de ce qui, à l'encontre de la pensée régnante, pourrait bien, avec le **Nouveau Roman**, avoir commencé d'advenir.

## Que pensait Jean-Paul Sartre du Nouveau Roman ?

Il ne me semble pas trop facile, en général, de savoir ce que « **pense** » quelqu'un (y compris... soi-même), et en particulier quand il s'agit de Jean-Paul Sartre et du **Nouveau Roman**.

C'est que Sartre présentait une telle variété de facettes que sa pensée est difficile à saisir dans son unité, et que le **Nouveau Roman**, quant à lui, ne bénéficie d'une tendancielle homogénéité, en somme, que par mes offices.

Toutefois il me semble possible de noter en quoi, et comme **romancier**, et comme **idéologue**, voire comme

« **penseur politique** », Sartre a pu se sentir quelquefois concerné par le **Nouveau Roman**.

Comme **romancier**, il s'est heurté, bien sûr, et en quelque sorte d'une façon principielle, aux problèmes de la **Représentation**.

En particulier *Le Sursis*, le deuxième tome des *Chemins de la Liberté*, est le fruit de certaines expérimentations, plusieurs tout à fait notables, issues de la difficulté à rendre compte, avec l'incontournable **successivité propre à l'écrit verbal**, de la **simultanéité d'un ensemble d'événements**.

Sous cet angle, il est donc permis de croire que, ultérieurement, la **mise en crise de la Représentation**, caractéristique, selon mes vues, du **Nouveau Roman**, n'a pas dû, à supposer qu'il en ait lu des pages, le laisser insensible.

Comme **idéologue**, il s'est voulu adepte de ce qui a été nommé « **la littérature engagée** », laquelle, au trop bref, voulait que le romancier défendît, en dernier ressort, une certaine position d'espèce plus ou moins politique.

Sous cette vue, il n'est pas incongru de penser que le **Nouveau Roman**, en ce que son exercice ne va guère dans cette direction, a dû rester hors de son intérêt.

Comme « **penseur politique** », il semble, au contraire, dans la mesure où plusieurs **Nouveaux Romanciers** (Miche Butor, Claude Ollier, Alain Robbe-Grillet, Nathalie Sarraute, Claude Simon) avaient, sous la probable influence du directeur des éditions de Minuit, Jérôme Lindon, signé, tout comme lui-même, en 1960, ce qui a été connu comme *Le Manifeste des 121* et qui s'intitulait « **Déclaration sur le droit à l'insoumission dans la guerre d'Algérie** », avoir été induit à considérer que, d'une certaine manière, le **Nouveau Roman** était sans doute moins étranger à ses préoccupations qu'il ne l'avait cru.

## Quel impact les événements de mai 1968 ont-ils eu sur le Nouveau Roman ?

Avant d'essayer de fournir un écho à cette question, je voudrais m'interroger sur la raison pour laquelle, puisque cet énoncé paraît plutôt diffus, est utilisée communément la formule « **événements de mai 1968** ».

Pour autant qu'il m'en souvienne, il s'est agi de quelque chose d'assez violent qui s'est passé pendant plusieurs jours, surtout à Paris, et surtout « **dans les rues** » (celles, plutôt, de ce qu'on nomme à l'ordinaire le « **Quartier latin** »).

Or l'histoire, en tout cas l'histoire de France, comporte de nombreux troubles de rue qui n'ont pas eu le même résultat.

Ainsi, la « **prise de la Bastille** », en 1789, est considérée, en général, comme une Journée révolutionnaire (car elle a concouru à la chute du système politique dit « **Ancien Régime** »).

En revanche « **l'attaque de la Chambre des Députés** », en février 1934, est considérée, en général, seulement comme une émeute (car, non seulement elle n'a pas entraîné la chute du système politique dit « **Troisième République** », mais encore elle a permis qu'accède au pouvoir, en 1936, selon des élections générales, avec ce qui a été nommé le « **Front populaire** », une tendance tout opposée).

Dès lors, il pourrait bien être légitime de songer à ce qui, par comparaison, s'est produit en 1968.

L'on semble pouvoir dire, à ce propos, et dans la mesure où n'est advenu, en tant que conséquence, aucun changement du système politique (celui dit « **Cinquième République** »), et où, au contraire, les suivantes élections générales ont donné pleine force à une tendance très opposée, qu'il s'est également agi d'une émeute.

Toutefois ce qui distingue, entre beaucoup d'autres choses (par exemple la première relevant de l'« **extrême-droite** » et l'autre se revendiquant de l'« **ultra-gauche** »), les émeutes de 1934 et de 1968, c'est la question de l'objectif.

L'émeute de 1934 en avait un très localisé, « **la prise de la Chambre des Députés** » (où résidait le pouvoir parlementaire de la **Troisième République**), ce qui relevait de la **politique** ; celle de 1968, en revanche était à ce propos plus floue et, surtout estudiantine, semblait viser, avec notamment « **les locaux de la Sorbonne** », ce qui relevait, plus généralement, de l'**autorité**.

En conséquence, il paraît judicieux de consentir à deux choses : premièrement, ne point trop déterminer, et ainsi d'ailleurs que vous le faites, avec la formule un peu vague des « **événements de mai 1968** » ce qui s'est produit en 1968, et, deuxièmement, s'interroger, puisque, à cette occasion, les milieux intellectuels ont été spécialement impliqués, sur l'impact de ces événements quant à ce qui est le premier objet de notre échange, à savoir le **Nouveau Roman**.

Or, sous cet angle, on gagne à distinguer une éventuelle influence sur le **Nouveau Roman** pris comme ensemble et une éventuelle influence sur les divers **Nouveaux Romanciers** eux-mêmes.

S'agissant du **Nouveau Roman pris comme ensemble**, je pense qu'il faut songer, avant tout, à un **effet de publication**.

C'est que les « **événements de mai 1968** » ont beaucoup occupé, sur le moment et pendant les immédiates années suivantes, d'abord les périodiques, puis les livres, si bien que, au **Nouveau Roman** qui se trouvait, et que l'on soit pour ou que l'on soit contre, plutôt dans « **l'air du temps** », a succédé un tout différent thème, celui des « **événements de mai 1968** », incontinent abordé par toute une kyrielle d'articles et de volumes.

Dès lors le **Nouveau Roman pris comme ensemble** est devenu une question beaucoup moins médiatique et il n'est peut-être pas incongru de supposer, en tout cas pour qui pouvait y voir davantage une occasion de notoriété qu'une nouvelle possibilité dans l'ordre de l'intellect, que sa cohésion en a pâti jusqu'à même favoriser ce qu'il semble possible d'appeler sa dislocation ultérieure.

S'agissant des **Nouveaux Romanciers eux-mêmes**, je pense qu'il faut songer, avant tout, à un **effet d'idéologie**.

C'est que les « **événements de mai 1968** » présentent deux faces antagonistes : d'un côté, et d'une façon « **progressiste** » en quelque sorte, ils ont permis, notamment sous l'angle des **mœurs**, une certaine innovation ; d'un autre côté, conjointement, et d'une manière « **réactionnaire** », cette fois, ils ont favorisé le regain d'une idéologie qu'un certain discernement porte à estimer **rétrograde**.

Cette idéologie, à laquelle j'ai fait précédemment allusion, est celle de l'**Expression** (entendue comme ce qui fait sortir, pour ainsi dire « **par pression** », et métaphoriquement, certaines prétendues « **entrailles** »), laquelle me paraît, comme je me suis déjà risqué à le prétendre, être un avatar de ce que j'ai appelé **Expression-Représentation**.

Or comme cette idéologie, toute contraire à la pensée des Lumières du XVIIIe siècle, a été particulièrement active, depuis, avec le **Romantisme** (que, ne l'oublions pas, prolonge le **Surréalisme**), jusqu'à imprégner complètement l'actuelle pensée régnante elle-même, il me semble, sous cette vue, que les « **événements de mai 1968** » peuvent être admis comme ressortissant à l'**archaïque**.

Ainsi, dans la mesure où cette idéologie, toute revigorée, se trouvait promouvoir l'**Expression**, il n'est pas absurde d'admettre qu'elle ait pu favoriser, non seulement la dislocation d'un ensemble, qui, en tant que collectif, atténuait l'importance individuelle, mais encore, pour plusieurs **Nouveaux Romanciers**, et du reste accru par la venue de l'âge, le goût de se mettre personnellement en montre, ce qui est particulièrement sensible, ainsi que je l'ai souligné, avec *Enfance* de Nathalie Sarraute comme avec les derniers ouvrages d'Alain Robbe-Grillet, auxquels pourraient être ajoutés ceux de Claude Ollier comme de Claude Simon, accordant, fût-ce sur un mode « **romancé** », un poids croissant à l'existence de chacun.

Comment décririez-vous l'évolution du Nouveau Roman ?

Il me semble que l'évolution du **Nouveau Roman** peut se réduire, aussi bien de l'extérieur (sa réception) que de l'intérieur (son élaboration), à deux périodes distinctes : d'abord une certaine **hausse**, puis une certaine **décadence**.

La **période ascendante** peut être située du milieu des années 1950 à l'année 1973.

Dans cette phase, et en correspondance avec dans les milieux intellectuels les attentes d'une nouveauté, ont été publiés les ouvrages qui ont « **donné le ton** », qu'il s'agisse de **romans** (ceux de Michel Butor, dont *L'Emploi du temps* en 1956 et *La Modification* en 1957 ; ceux de Claude Ollier, dont *La Mise en scène* en 1959 et *La Vie sur Epsilon* en 1972 ; ceux de Robert Pinget, dont *L'Inquisitoire* en 1962 et *Le Libera* en 1968 ; ceux de Jean Ricardou, dont *La Prise de Constantinople* en 1965 et *Les Lieux-dits* en 1969 ; ceux d'Alain Robbe-Grillet, dont *Le Voyeur* en 1955 et *La Jalousie* en 1957 ; ceux de Nathalie Sarraute, dont *Martereau* en 1953 et *Le Planétarium* en 1959 ; ceux de Claude Simon, dont *Le Vent* en 1957 et *La Route des Flandres* en 1960), ou d'**essais** (ceux de Michel Butor, dont *Répertoire I* en 1960 ; ceux de Jean Ricardou, dont *Problèmes du Nouveau Roman* en 1967 ; celui d'Alain Robbe-Grillet, *Pour un Nouveau Roman* en 1963 ; celui de Nathalie Sarraute, *L'Ère du soupçon* en 1956).

Cette période me semble avoir culminé en 1971, avec le colloque de Cerisy *Nouveau Roman : hier et aujourd'hui* (car, ainsi que je l'ai rappelé tout à l'heure, plusieurs romanciers ont lors accepté, à l'enseigne du **Nouveau Roman**, de venir travailler ensemble) et en 1973, avec mon petit livre *Le Nouveau Roman* (car je crois avoir pu mettre en lumière, dans les fictions de plusieurs **Nouveaux Romanciers**, une commune stratégie, celle, qu'il me soit permis de le redire, d'une mise en cause du récit, lequel est un pilier de la **Représentation**).

La **phase déclinante** commence, à mon avis, sitôt après.

Certes les diverses œuvres ont continué de se poursuivre, mais certaines discordances, maintenues plus ou moins en sourdine pendant le **colloque de Cerisy**, en sont venues, peu à peu, à se donner un ample cours.

Ainsi, et ou bien, de façon principale, pour d'idéologiques convictions apparemment personnelles ou bien, de façon particulière, pour d'aucuns, par un souci d'épouser mieux, il se peut, le nouvel « **air du temps** », voire par une manière de carriérisme, la revendication d'appartenir au **Nouveau Roman**, et, même, l'unitaire vigueur du **Nouveau Roman** elle-même, ont paru moins de saison.

Par exemple Alain Robbe-Grillet, pour s'en tenir à lui, s'est-il laissé aller, non sans ce qui peut paraître un aimable cynisme à dire, en 1981, s'agissant de mes travaux, dans un entretien de la revue *Micromégas* (vol. 8, n° 1), « **Vous savez que je l'ai beaucoup encouragé dans les voies que je trouve aujourd'hui si déplorables** ».

Cette phase déclinante est apparue, la même année, avec le colloque auquel j'ai fait allusion, tout à l'heure, organisé au loin (à New York), sans que j'en sois le moins du monde averti, avec un comité réduit à quatre des romanciers qui avaient accepté de travailler ensemble à Cerisy (Robert Pinget, Alain Robbe-Grillet, Nathalie Sarraute, Claude Simon), et au cours duquel Alain Robbe-Grillet, du moins à en croire le compte-rendu qui en a été fait à l'époque par le journal *Libération*, en est venu à tenir, sur mon compte, des propos assez peu obligeants.

Dès lors, qu'il me soit permis de le dire : ce pourrait bien être dans la mesure où les **Nouveaux Romanciers** n'ont pas clairement saisi, ou admis, ce qui commençait à surgir avec le **Nouveau Roman**, que celui-ci a pu être disloqué, d'une manière plutôt facile, par cela même, précisément, qu'il se trouvait avoir plus ou moins mis en cause.

### Quelle a été l'influence du Nouveau Roman sur la littérature française de ces dernières décennies ?

Je dois avouer, d'emblée, et pour deux motifs inégaux, que j'éprouve une certaine difficulté à fournir ici une réponse.

Le principal motif, majeur car il relève du théorique, vient de l'emploi, dans cette interrogation, et comme ne faisant pas problème, le terme « **littérature** ».

Car j'en suis venu à penser, aujourd'hui, que si la notion de « **littérature** » est bien commode, c'est qu'elle joue d'une ambiguïté : chacun en fait usage comme s'il savait ce qu'elle recouvre, alors que, faute de critères suffisamment homogènes et précis, il est difficile d'en tracer les contours.

Je crains donc qu'il s'agisse de ce que j'en suis venu, dans ma récente contribution « L'impensé d'un soir » à la *NRF* (n° 609), à nommer une « **notion institutionnelle** » dont la pérennité tient à deux facteurs distincts : l'un, c'est que, même si elle ne permet guère d'avancer, elle touche à un problème effectif ; l'autre, c'est qu'elle tire sa persistance d'institutions plutôt solides.

Le motif secondaire, d'une importance moindre car il est anecdotique, vient de ce que, ne procédant pas à des lectures aussi nombreuses que ce qui est supposé par la question, je ne saurais trop prétendre bénéficier, à cet égard, d'une information suffisante.

Les deux précédentes réserves étant faites, je puis néanmoins observer que, dans la mesure où, avec le **Nouveau Roman**, certaines choses ont commencé d'advenir à l'encontre de la pensée régnante, et, en même temps, parce que ce mouvement a perdu sa force vive, il doit surtout exercer une influence souterraine, en tout cas non-dite, qui pourrait bien se trahir, chez les moins inavertis, par la conscience qu'il n'est plus trop possible, comme il a peut-être été cru autrefois, d'« **écrire comme si de rien n'était** ».

Il est sans doute intéressant, si vous le voulez bien, de nous informer par ailleurs sur les rapports plus ou moins personnels que vous avez entretenus avec chacun des Nouveaux Romanciers...

Encore que les rapports, comment dire, « **personnels** », s'ils présentent une importance dans un certain domaine, celui des rapports « **interpersonnels** » précisément, et s'ils conservent encore une certaine importance lorsqu'il s'agit d'un groupe en formation, me paraissent devenir secondaires sitôt que la notion de groupe accroît son emprise.

Sous cet angle, j'irais jusqu'à prétendre que le souci des rapports « **personnels** » pourrait bien aller à l'encontre de la considération d'un groupe.

Quoi qu'il en aille à cet égard, je dois convenir que mes rapports « **personnels** » étaient plus nets avec Alain Robbe-Grillet, Claude Simon, et Claude Ollier qu'avec Michel Butor, Robert Pinget, et Nathalie Sarraute.

Ces rapports « **personnels** », mieux vaut, ce me semble, pour les expliquer, faire appel à des raisons générales et à des affinités particulières.

Les raisons générales qui m'ont rapproché d'Alain Robbe-Grillet, de Claude Simon, et de Claude Ollier, viennent de ce que, à une époque, nous étions tous publiés chez le même éditeur (Les éditions de Minuit), et que le directeur de cette maison, Jérôme Lindon, avait même eu le souci de réunir plusieurs, et notamment ces romanciers, pour établir (car il me semble avoir, en bon gestionnaire éditorial, alors voulu « **surfer sur la vague** ») un certain « **Dictionnaire du Nouveau Roman** ».

Même si ce projet, qui était tout de même un peu flou, est finalement resté sans suite, il a malgré tout permis à quelques-uns des **Nouveaux Romanciers** de se retrouver périodiquement.

À ce propos, je garde le souvenir que, parmi les absents, Michel Butor résidait assez loin de Paris et que Nathalie Sarraute, d'une génération précédente, devait avoir d'autres choses à faire.

Quant à Robert Pinget, qui penchait beaucoup du côté de la fantaisie, il ne semblait pas avoir trop la tête à cette entreprise.

Si je m'intéresse maintenant, et avec d'insuffisantes précautions, aux « **affinités personnelles** », je dirai que je me sentais relativement proche d'Alain Robbe-Grillet, et à cause de ses façons d'écrire (la lecture du roman *Le Voyeur*, par laquelle, en 1955, j'avais commencé de le lire, avait été pour moi une manière de « **révélation** »), et de son goût prononcé pour une certaine forme d'humour pas trop éloignée, peut-être, de la mienne, de Claude Simon, à cause, sans doute, de sa... rapide acceptation des miennes idées (dont témoigne, me semble-t-il, entre autres son roman *Triptyque*) et d'un commun « **vécu méditerranéen** », de Claude Ollier, avec lequel mes relations premières avaient été plutôt difficiles, mais dont me rapprochaient probablement les qualités d'un style qui me paraissaient, à l'époque, déjà trop méconnues.

Ces « **rapports personnels** », différents avec chacun, se sont, au fil des années, peu à peu et différemment distendus.

Avec Robbe-Grillet, au moins dès la parution de mon livre *Problèmes du Nouveau Roman.*

En effet la venue d'un autre livre que le sien, intitulé, je le rappelle, *Pour un Nouveau Roman*, et impliquant plus ou moins le mouvement comme tel, ainsi, du reste, que la relative considération dont avait bénéficié mon second roman *La Prise de Constantinople*, paraissent avoir été ressenti par lui comme une rétrogradation suffisante pour, cette hypothèse permet en tout cas de saisir bien des choses, qu'il incite le directeur des éditions de Minuit à ne pas retenir un livre qui, avant sa parution aux éditions du Seuil (où il obtint du reste, comme l'avèrent les impressions successives, une importante réussite), lui avait été présenté en priorité.

Avec Claude Simon, les rapports, proches au point que nous nous retrouvions, le dimanche matin, aux Arènes de Lutèce, d'une façon toute méditerranéenne, pour des parties de pétanque avec, entre autres, le méridional Jean Paulhan, se sont distendus largement de la manière, un peu, dont ils s'étaient... noués.

En effet, lorsque Claude Simon s'est rendu compte que les opinions que je soutenais n'étaient pas trop compatibles avec le prix Nobel de littérature que, selon toute probabilité, il guignait secrètement, il a trouvé, étant fort impressionnable, les concours opportuns pour s'en défaire.

Avec Claude Ollier, les rapports personnels se sont peu à peu distendus, à cause, notamment, d'un penchant toujours accru, de sa part, ce qui l'éloignait de mes vues, d'inclure dans ses livres davantage d'éléments autobiographiques.

Que pensez-vous aujourd'hui de l'œuvre de chacun des Nouveaux Romanciers ? Comment considérez-vous leur originalité et leur évolution ?

Je dois reconnaître que, dans la mesure où chacun d'eux semble en être venu à ce que l'on pourrait nommer un « **jeu personnel** », et dans la mesure où j'estime que l'on n'est point trop, sauf à concevoir on ne sait trop quel privilège (ou... malédiction), « **Nouveau Romancier** » à vie, je me suis un peu moins soucié de ce qui pouvait être écrit, en somme de « **façon séparée** », par plusieurs d'entre eux.

Ce que je puis seulement préciser, c'est que, parmi les projets que j'imaginais dans le cadre du Centre culturel international de Cerisy, s'égrenait, succédant au colloque de mise ensemble (*Nouveau Roman : hier, aujourd'hui*), une série de colloques, chacun voué au spécial travail de l'un des **Nouveaux Romanciers** en tant que tel, c'est-à-dire chaque fois consacré à l'œuvre de chacun en tant qu'élément de cet ensemble, bref examinant la manière dont chacun provoquait, à sa manière, la **mise en cause de la représentation**.

Or, si cette séquence a pu commencer avec, en 1974, le colloque *Claude Simon : analyse, théorie*, et se poursuivre, en 1975, avec le colloque *Alain Robbe-Grillet : analyse, théorie* (l'analogie des titres trahissant l'idée d'une série plus ou moins homogène), le projet a été abandonné, et, cela, non seulement parce que, chaque fois, chacun des **romanciers** souhaitait voir son travail plutôt examiné comme tel, indépendamment du **Nouveau Roman**, mais encore parce que c'est dans une tout autre perspective à laquelle je n'étais pas lié, que cette séquence a eu lieu : en 1973 déjà, pour l'œuvre de Michel Butor, sous une autre direction que la mienne (celle de Georges Raillard), et, plus tard, en 1989, pour l'œuvre de Nathalie

Sarraute (sous la direction de Valérie Minogue et Sabine Raffy).

En règle générale, car je préfère, hélas pour plusieurs, une disposition commune à l'examen des singularités, je dirai seulement que ce qui importe, sachant que, fussent-ils **nouveaux**, les **romanciers** ne sont pas dépourvus chacun d'un « **ego surdimensionné** », c'est que chacun en possède un suffisamment avisé, et se restreignant selon quelque apparence, pour savoir prendre le contrôle de lui-même.

Et j'accepte que ce soit là beaucoup espérer.

# 4

# L'œuvre de fiction

Vous avez à la fois écrit des ouvrages théoriques et des ouvrages de fiction. Quels rapports existe-t-il entre ces deux pratiques ?

Ce qui rend ma réponse un peu délicate, c'est qu'elle survient aujourd'hui (où j'ai la faiblesse de croire que j'y vois plus clair), et non à l'époque où j'ai produit ces ouvrages (et où il est moins sûr que je savais exactement ce que j'accomplissais).

Aujourd'hui, il me semble possible de préciser que les ouvrages d'espèce romanesque relèvent de **fictions avérées** (ce qui rend possible un grand nombre de jeux avec la langue), et que les ouvrages d'espèce théorique ressortissent à des **fictions dissimulées** (ce qui, sous réserve d'explications qui viendront plus tard, interdit beaucoup des jeux avec la langue permis par la fiction). Ce qui m'a sans doute paru lors d'importance, c'est, afin et avant de la mieux comprendre, de pratiquer la différence entre jeux plus ou moins admis et jeux plutôt refusés.

Quelle est, à vos yeux, la particularité de votre œuvre romanesque ?

La particularité, à mes yeux d'aujourd'hui, des divers romans que j'ai hasardés, peut s'entendre comme le résultat d'un constant effort pour faire saillir le rôle de l'écrit dans sa propre constitution. Ainsi, dans mon premier roman *L'Observatoire de Cannes*, l'essentiel de la fiction peut s'entendre comme l'effet de la description elle-même. Ainsi, dans mon deuxième roman *La Prise de Constantinople*, l'essentiel de la fiction peut s'entendre comme l'effet du livre lui-même. Ainsi, dans mon troisième roman *Les Lieux-dits*, l'essentiel de la fiction peut s'entendre, et pour rester au moins compliqué, comme l'effet produit par une grille de huit fois huit cases, chacune occupée par une lettre, de telle sorte que sont offerts, par ordre alphabétique, huit noms de lieux composés chacun de huit lettres, avec, en diagonale ascendante, le nom répété de l'un d'entre eux (« Belcroix ») où se produisent des « événements » particuliers.

Cette préoccupation résolue paraît donc plutôt éloignée de celle qui préside, à l'ordinaire, aux idées quant au roman et pour lesquelles la « vie » du romancier est censée jouer un rôle majeur dans la fiction à laquelle un accès est fourni. Pour être plus précis, j'ajouterai que le contrat d'édition pour *L'Observatoire de Cannes* comporte seulement la mention *L'Observatoire*, et que c'est sous la pression de l'éditeur que s'est ajoutée la mention *de Cannes*, qui ne laisse pas de favoriser, puisque je suis originaire de cette ville, ce qui me semble devoir être nommé l'**illusion autobiographique**.

## Comment avez-vous écrit vos romans ?

Que je l'avoue d'abord : mes romans ont été écrits parce que d'autres romans, déjà, avaient été composés. Ainsi, c'est, notamment, sous l'emprise d'un couple de romans écrits par Alain Robbe-Grillet (*Le Voyeur*, publié en 1955, *La Jalousie*, publié en 1957), que j'ai rédigé mon premier ouvrage romanesque (*L'Observatoire de Cannes*, publié en 1961). En effet, ce que j'avais noté dans ces deux antécédents romans, c'était l'importance prise par la description, et, simultanément, même si une certaine lecture en était rendue plus facile, le biais travaillant cette description qui se trouvait influencée, dans le cas du *Voyeur*, par le souci, sans cesse battu en brèche, d'une certaine disculpation, et, dans le cas de *La Jalousie*, par la pression d'un certain sentiment. Ce que j'ai donc tenté, dans mon premier roman, c'est de purger la description de ces influences en quelque sorte extérieures. Et c'est ainsi qu'est advenu, pour *L'Observatoire de Cannes*, le thème d'une espèce d'érotisme issu de ce que la description se trouve être, tout comme un *strip-tease*, nécessairement successive.

La suite de mes romans peut donc s'entendre comme le progressif éloignement de ce qui est, de la sorte, extérieur à l'écriture descriptive. Ainsi mon second (*La Prise de Constantinople*, publié en 1965) éloigne, avec la mise en jeu du célèbre tableau du peintre Delacroix comme avec les scènes de « Science-fiction », ce qui, dans *L'Observatoire de Cannes*, pouvait encore être ressenti comme autobiographique. Ainsi mon troisième roman (*Les Lieux-dits*, paru en 1971) tend à soustraire les éléments très culturels (comme la connaissance des couleurs prescrites aux derniers étages de la ziggurat de Babylone) qui pouvaient être encore venus d'un savoir particulier.

## Quelle a été la réception de vos romans ?

En règle générale, et malgré une certaine âpreté dont témoignent les éclaircissements que je viens de fournir, mes romans semblent avoir remporté ce qu'il est convenu de nommer, de façon secourable, « **un succès d'estime** ».

Si vous souhaitez davantage de précisions, je dirai que les deux premiers, *L'Observatoire de Cannes* et *La Prise de Constantinople*, publiés aux éditions de Minuit dans une période où, si l'on peut dire, le **Nouveau Roman** était « **à la mode** », ont recueilli une certaine « **bienveillance critique** », et je crois me souvenir que le second, même, a reçu, en 1966 probablement, la moins frelatée des récompenses « **littéraires** », le Prix Fénéon. Quant à mon troisième, *Les Lieux-dits*, paru aux éditions Gallimard en février 1969, dans une période où ce qui, à l'ordinaire, a pris le nom d'« **événements de mai 1968** », tenait le haut du pavé, il me semble être passé plutôt inaperçu.

Vous avez assez rapidement arrêté d'écrire des romans. Pour quelle raison ?

Mon troisième et « dernier » roman (*Les Lieux-dits*) ayant, pour la première édition, été publié en 1969, ce qui maintenant est assez loin, il est tout à fait légitime de se poser cette question. Si j'envisage de fournir une réponse, j'estime qu'il faut songer à deux volets.

Le premier consiste à noter que ce n'est aucunement parce que la « **veine romanesque** », pour parler comme d'autres, se serait tarie. À cet égard, je puis murmurer qu'il existe, dans quelque profond mien tiroir, le projet d'un quatrième roman, dont le titre, du moins provisoire, était déjà fixé (*Le Jardin d'acclimatation*). Toutefois, je dois avouer que le désir de comprendre, notamment ce qui advenait avec certains ouvrages romanesques, m'a toujours empreint, ce qui explique la publication, en parallèle pour ainsi dire, à celle de mes romans, de plusieurs livres consacrés à une réflexion (je pense, en particulier, aux essais qui ont constitué les livres *Problèmes du Nouveau Roman*, en 1965, et *Pour une théorie du Nouveau Roman*, en 1971). Et ce désir pourrait bien être demeuré impérieux ensuite, ce qui explique, n'ayant aucunement renoncé à l'activité de comprendre, la rédaction de mes ultérieurs volumes théoriques.

Le second volet consiste à noter que, devant l'enthousiasme plutôt limité, j'ai parlé tout à l'heure d'un « **succès d'estime** », qu'avaient rencontré mes romans, j'ai été conduit à l'hypothèse que celles et ceux que l'on appelle ordinairement les lectrices et les lecteurs n'avaient pas trop compris de quoi il s'agissait, et j'ajouterai même, aujourd'hui, qu'ils ne sont pas trop près de l'entendre. Et comme je n'étais pas sûr, moi-même, de l'avoir bien saisi, il m'a semblé opportun, même si cela a continué de me porter souvent à examiner d'autres écrits que les miens, à un travail prolongé de réflexion. Il se trouve que ce travail, inauguré, du reste, par un ouvrage qu'il n'est pas interdit de trouver « **bizarre** », sous-titré comme « **mixte** » (*Le Théâtre des métamorphoses*), et publié en 1982, a été plus long que je l'avais prévu, de telle sorte que mon effort romanesque, qui avait été déjà conduit, du moins à mes yeux, plutôt assez loin, s'est trouvé, et sans doute d'une façon définitive, en quelque manière suspendu.

Parallèlement à vos romans, vous avez publié des recueils d'écrits brefs. Pourriez-vous indiquer la place qu'ils occupent dans ce qui paraît une stratégie d'ensemble ?

Il est exact que j'ai fait paraître, en général d'abord dans des revues, puis dans des livres *Révolutions minuscules* (première édition en 1971 aux éditions Gallimard, deuxième édition en 1988 aux Impressions nouvelles) et *La Cathédrale de Sens* (en 1988 aux Impressions nouvelles), et il est possible de songer à une stratégie d'ensemble si, du moins, il est question, non point trop d'une **stratégie de carrière**, mais plutôt d'une **stratégie de recherche**, c'est-à-dire une orientation du travail selon un principe général qui s'est éclairci au fil des années. Maintenant que ce principe est devenu plus net, je puis dire que, avec lui, il s'est agi d'une croissante prise de conscience du **rôle majeur des structures de l'écrit dans l'élaboration de la pensée**. Cette prise de conscience est sensible, non seulement dans la suite de mes romans, mais encore dans la suite des écrits brefs que j'ai échelonnés en parallèle. Seulement la parution actuelle de ces écrits brefs pourrait bien, en tout cas pour un adepte sourcilleux, quelque peu brouiller cette évolution. C'est que, dans la deuxième édition des *Révolutions minuscules*, j'ai procédé à deux actions en quelque sorte contraires. D'une part, tenant compte de la position qui était la mienne à l'époque, j'ai recomposé, me relisant, les écrits en y réduisant les problèmes qui travaillaient la représentation. Ainsi l'un, « **Sur la pierre** », a pris un titre plus explicite (« **Épitaphe** »). Et un autre (« **Gravitation** ») a vu la description d'une grille de mots croisés comportant les indications qui charpentaient l'ensemble (ce qui posait le problème des tiraillements entre la simultanéité des mots dans cette grille et la successivité de la description censée en rendre compte) par une mise en montre de cette grille elle-même. D'autre part, faisant droit à la position qui était devenue la mienne, j'ai fait précéder cet ensemble, lors de la réédition, par une sorte de préface, « **Révélations minuscules, en guise de préface, à la gloire de Jean Paulhan** », très sophistiquée sous l'angle des **structures de l'écrit**. Bref, ce que je puis dire, quant à ces recueils, c'est qu'ils peuvent être pris, **dans une stratégie de recherche ayant une hypothèse**, comme des jalons masqués.

# 5

# *Tel Quel*

Quand et comment avez-vous rejoint le groupe *Tel Quel* ?

Ce qui me paraît primordial dans la formule « groupe *Tel Quel* », c'est le vocable « groupe ». En effet, il m'a toujours semblé que ce qui survient de relativement important ressortit, non point à des individus, mais bien à des groupes. Ainsi, ce qui m'a paru décisif, avec le **Nouveau Roman**, c'est qu'il pouvait s'agir des expérimentations, non point d'un tel ou tel autre, mais bien d'un groupe de plusieurs. Ainsi n'ai-je pas trop hésité à faire partie des « comités de rédaction » qui élaboraient des revues : d'abord *Médiations* (ce qui m'a notamment permis de publier des écrits de Claude Ollier et de Francis Ponge, ainsi que des notes de Maurice Merleau-Ponty sur Claude Simon), puis *Tel Quel*.

Ce qui m'a incité, lors (nous étions en 1962), à rejoindre le groupe de la revue *Tel Quel*, c'est l'intérêt de ses principaux animateurs pour le **Nouveau Roman** : notamment celui de Philippe Sollers pour les livres d'Alain Robbe-Grillet et celui de Jean-Edern Hallier pour le travail de Claude Simon, qu'il a beaucoup soutenu à une époque où ce futur Prix Nobel n'était pas encore parvenu à sa notoriété future. C'est par l'intermédiaire des éditions de Minuit que le contact a été pris avec ceux qui avaient fondé cette revue.

### Quel était votre rôle dans cette revue ?

Je dois admettre qu'en pratique ce rôle a été plutôt réduit. En effet c'était plutôt les deux principaux animateurs, et du reste fondateurs (Philippe Sollers et Jean-Edern Hallier, jusqu'à son éviction), qui conduisaient l'affaire. Pour l'essentiel je me suis contenté de faire paraître certains de mes écrits (notamment le début de mon second roman, *La Prise de Constantinople*, dont, m'a-t-on répété, Roland Barthes avait apprécié le « **phrasé** », et mon étude « L'activité roussellienne », n° 39 de *Tel Quel*).

### Quelle était l'ambiance dominante à *Tel Quel* ? Comment qualifieriez-vous vos relations avec les autres membres ?

Autant qu'il m'en souvienne, l'ambiance à *Tel Quel* était plutôt joyeuse, bien que commençait à s'aggraver, et à moins que j'y fusse peu à peu plus sensible, une abusive prédominance, et peut-être, même, certain autoritarisme plutôt massif, qui s'est, du reste, progressivement accru au profit de celui des deux protagonistes initiaux qui a subsisté (Philippe Sollers) et paraît s'être accentué avec la revue qui a pris la suite (*L'Infini*).

### Quelle a été, à votre avis, l'importance de la revue *Tel Quel* pour la littérature en France ?

Il n'est pas tout à fait sûr que je me sois jamais posé la question en ces termes. Toutefois ce que je puis dire, c'est que, à l'époque, les ouvrages du **Nouveau Roman** formaient, à mes yeux, le plus intéressant de ce qu'il est ordinaire de nommer « **littérature** », de telle sorte qu'une revue qui avait marqué son intérêt dans cette direction ne pouvait, selon moi, que bénéficier d'une certaine importance.

En 1963, *Tel Quel* a organisé une décade intitulée « Débat sur le roman ». Pourquoi étiez-vous absent pendant cet événement important ?

Ce colloque s'est tenu au Centre culturel international de Cerisy. Sauf qu'il s'agissait d'un château en Normandie, je ne savais pas trop ce que c'était, et comme je me trouvais plutôt éloigné de la « vie d'un châtelain », j'ai lors considéré que ce débat était trop proche d'un autre monde que le mien. Mais je dois ajouter que peut-être n'avais-je pas, à cette époque, s'agissant de ce qu'il est convenu de nommer le « roman », des idées aussi nettes que celles dont je suis titulaire aujourd'hui.

Pour quelle raison avez-vous quitté *Tel Quel* en 1971 ?

C'est pour deux inégales raisons que j'ai quitté *Tel Quel* : l'une, de fond en quelque sorte, a été de l'ordre du politique, à savoir ce qui peut s'entendre comme le « **tournant maoïste** » qui, lors, a caractérisé cette revue ; l'autre, en quelque façon de forme, a été de l'ordre du fonctionnement, à savoir la croissance d'un autoritarisme du principal animateur. Ainsi, c'est alors que j'étais à l'étranger (à New York), bref comme si, à ce propos, je ne comptais guère, que j'ai appris le nouveau pli désormais choisi pour *Tel Quel*.

1971, c'est également l'année où s'est tenu le fameux colloque de Cerisy sur le Nouveau Roman dont nous avons déjà parlé. Y a-t-il un rapport entre l'organisation de ce colloque et votre rupture avec *Tel Quel* ?

Il me semble que, au fil des années, la revue *Tel Quel* a subi une manière de fissure. D'une part, sous l'influence de son principal animateur, Philippe Sollers, qui, se rapprochant d'Antonin Artaud et de Georges Bataille, s'est beaucoup éloigné d'Alain Robbe-Grillet, elle s'est progressivement écartée du **Nouveau Roman**. D'autre part, sous la... mienne, elle lui a octroyé une importance croissante. En conséquence, l'organisation, par mes soins, du colloque de Cerisy par quoi ce mouvement a trouvé une certaine assise n'a fait qu'aggraver cette déchirure et a sans doute joué dans mon départ.

D'autres structures aussi étaient actives sur la scène littéraire, par exemple « Change » et « Le chemin ». Que cherchaient les écrivains de ces structures ? Quelles étaient leurs relations avec *Tel Quel* ?

Il me paraît un peu difficile de mettre ensemble des organisations aussi différentes que « Change » et « Le chemin ». En effet « Change », avec sa revue et ses publications, s'était constitué autour de Jean-Pierre Faye comme une dissidence de *Tel Quel*, tandis que, pour l'essentiel, « Le chemin » était une collection chez l'éditeur Gallimard. Le groupe « Change », réuni autour de Jean Pierre Faye, était, me semble-t-il, plus homogène que la collection « Le chemin », dirigée par Georges Lambrichs, ancien conseilleur « littéraire » aux éditions de Minuit, et dont le rôle, selon moi, tend à être un peu trop minimisé. Pour ce qui me concerne, et bien que la dissidence de Jean Pierre Faye m'ait paru venir de l'autoritarisme croissant qui sévissait à *Tel Quel*, mais, sans doute, également parce que sa ligne me semblait un peu trop diffuse, je ne suis pas trop allé dans cette direction. En revanche, j'ai profité de la diversité, et de la « qualité » marquant la collection « Le chemin » pour y publier mon premier recueil d'écrits brefs, *Révolutions minuscules*. Quant aux relations que, s'agissant des individus, ces groupes entretenaient, je ne faisais pas suffisamment partie du « milieu » pour bien témoigner à cet égard, et je crois seulement pouvoir dire que entre *Tel Quel* et « Change », ils n'étaient pas très bons.

### Quels liens existait-il entre *Tel Quel* et l'« Oulipo » ?

Ces liens me semblent avoir été plutôt tendus et, pour ma part, j'estimais, et j'estime toujours, que l'Ouvroir de littérature potentielle (qui s'est formé du reste à Cerisy autour de Raymond Queneau et du mathématicien François Le Lionnais avant que Georges Perec, ensuite, y prenne une importance grandissante) n'aperçoit qu'une part de la question. Je pense, à ce propos, et dussé-je lors devenir un peu plus technique, qu'il est opportun d'en dire davantage. Ce que l'Oulipo me paraît avoir fortement saisi, c'est l'importance des contraintes. Ce que, selon mes vues, l'Oulipo, en revanche, a moins bien saisi, c'est que, s'agissant de l'écrit, les contraintes ne sont importantes que si elles concernent la représentation. Ainsi l'actif des vers et des rimes, par exemple, exerce, même si le plus souvent inaperçue, une effective contrainte sur la représentation, tandis que la règle dit S+X, qui demande que soient remplacés dans un certain écrit tous les substantifs par leur X$^{e}$ successeur dans quelque dictionnaire, et qui semble considérée par l'Oulipo comme une contrainte, n'en est aucunement une, car son intérêt se trouve plutôt, sous l'angle représentatif, dans une certaine loufoquerie de son résultat. Ainsi encore, l'affaire est **close**, semble-t-il, pour l'Oulipo, quand l'initiale contrainte est bien respectée, alors que, à mon avis, et voilà sans doute une grande opposition, c'est alors qu'elle **commence**, car l'exécution, sous les espèces d'un programme en somme, selon l'initiale contrainte, peut fort bien conduire à ce que, par souci du bref, il est possible de nommer des « **rugosités** », lesquelles, sitôt qu'elles sont prises en compte, exercent une contrainte représentative inattendue sur le processus en cours.

# 6

# La critique littéraire

Quelle était la situation de la critique littéraire quand vous vous y êtes intéressé ?

À mon avis, il faut d'abord en convenir : ce qu'il est convenu d'appeler « critique littéraire » est victime, foncièrement, d'une difficulté double. D'un bord, avec l'adjectif « littéraire », elle est liée à la notion de « Littérature » dont le statut, jusqu'à nouvel ordre, ne semble pas trop clair. D'un autre bord, avec le nom « critique », son principe est plutôt ambigu, car elle est contrainte d'osciller entre ce qu'il importe de nommer l'exemple (par lequel l'objet d'étude n'est envisagé que sous un certain aspect éclairé pour le mieux par les offices d'une théorie assurée) et ce qu'il importe de nommer l'analyse (par lequel l'objet d'étude est envisagé quasiment dans son ensemble et ouvre ainsi sur de nouveaux problèmes). Dès lors, elle s'en tire, tant bien que mal, par le biais d'un discours hybride, dit « compte rendu », où l'examen donne vigueur à une opinion crue « personnelle », mais surveillée, souvent, par une sous-jacente idéologie courante. Pour davantage de précision, je dirai qu'elle était traversée, en outre, à l'époque, par les courants qui en sont venus à prendre le nom de « **Nouvelle Critique** ».

## Que signifie au juste la « Nouvelle Critique » ? Comment s'est-elle formée ?

Il est préférable de n'avoir pas oublié l'effervescence intellectuelle caractéristique de la période qui a précédé ce qu'on nomme « les événements de 1968 ». Ainsi dans le domaine de la « critique » sont lors advenues des pensées en apparence différentes de celles qui étaient bien installées. Quitte à me satisfaire d'un peu de caricature, j'avancerai que les idées bien installées s'épanouissaient à l'ombre de la formule « l'homme et l'œuvre » (qui était, du reste, crois-je me souvenir, l'emblème d'une collection de classiques pour l'enseignement scolaire). Quant aux pensées apparemment différentes, elles venaient surtout de la psychanalyse, du marxisme, de la phénoménologie, et ne laissaient pas, sinon de contester, du moins de compliquer, le dispositif précédent. Ainsi y a-t-il eu, de la part de ceux qui étaient férus des méthodes anciennes, de rudes polémiques dont témoigne, par exemple, publié en 1965 aux éditions Jean-Jacques Pauvert, le livre de Raymond Picard, *Nouvelle Critique ou nouvelle imposture*. Que l'affaire, à cette période, ait été brûlante, il est possible de l'apercevoir avec ce titre lui-même, non seulement à cause du terme « imposture », mais aussi dans la mesure où quelqu'un d'aussi avisé que Raymond Picard (auquel, du reste, il faut ajouter son... éditeur) n'a pas su lire, alors qu'il n'eût pas été difficile de titrer seulement *Nouvelle Critique ? Une imposture*, qu'ainsi se laissait penser « ancienne critique, ancienne imposture ». Quant à l'adjectif « nouvelle » dans la formule la « Nouvelle Critique », confortée, notamment, par le titre du brûlot auquel je viens de faire allusion, et dans le panorama de Dominique Noguez ajouté à la fin du livre issu d'un autre colloque de Cerisy, *Les Chemins actuels de la critique* (qui s'est tenu à Cerisy en 1966, et qui a paru sous ma responsabilité, en 1967 aux éditions

Plon, reparu en 1968 et 1973 aux éditions 10/18 et en 2011 aux éditions Hermann), il semble tenir à deux principales causes : l'une, c'est, dont témoigne le livre contre Alain Robbe-Grillet de Pierre de Boisdeffre *La Cafetière est sur la table*, la résistance des anciens aux nouvelles façons développée par l'un des tenants des pensées bien installées ; l'autre, dont témoigne la venue de la formule **Nouveau Roman**, c'est le désir de nouveauté qui impulsait l'époque.

Quel a été, selon vous, le rapport entre la genèse de la Nouvelle Critique et celle du Nouveau Roman ?

Ce rapport me semble avoir été plutôt extérieur, et, cela, non seulement pour les raisons que je viens de fournir, mais surtout parce que, selon mes vues, les pensées issues de la « Nouvelle Critique » ne permettaient pas, tout comme celles, du reste, des « Nouveaux Romanciers » eux-mêmes, de bien saisir le caractère puissamment novateur du **Nouveau Roman**. C'est que les opinions, prêtées à ces « Nouveaux Critiques » en ce qu'ils restaient plus ou moins tributaires de la psychanalyse, du marxisme, de la phénoménologie, et telle est la raison pour laquelle, précédemment, j'ai avancé qu'elles n'étaient différentes qu'en apparence, maintenaient, quitte à la problématiser quelque peu, l'idée que l'**écrivain était un auteur**, dont l'œuvre n'était jamais qu'une émanation. Quant à Roland Barthes, qu'il n'est sans doute guère abusif d'impliquer dans cette escouade, il conduisit Alain Robbe-Grillet, à propos duquel, à cause de l'initiale importance de la description, il avait risqué la notion d'**objectal**, à déclarer, ce qui n'était aucunement plus exact, quelque chose comme « dans mes livres, je n'ai jamais parlé que de moi ».

Mark Schorer note : « La critique moderne du roman commence avec le roman moderne »[1]. Partagez-vous ce point de vue ?

Si, comme il semble permis de l'estimer, un écrit provient toujours d'une critique de quelque écrit antécédent, cette observation me paraît largement pertinente. En effet ce que, dans cette optique, il devient licite de concevoir, c'est, en quelque façon, qu'il pourrait bien y avoir, l'une explicite, l'autre implicite, deux critiques séparées. La critique explicite serait celle qui, de manière avouée, concerne tel écrit stipulé et lui inflige quelque analyse. La critique implicite serait celle qui, de façon clandestine, concerne les divers écrits antécédents, en ce qu'elle apporte ce qui est censé leur manquer, ou se dispense de ce qui est censé abusif. Ainsi le roman *Le Voyeur*, d'Alain Robbe-Grillet, en essayant d'éliminer, en son cours, les métaphores spectaculaires, peut être admis comme exerçant une critique des antécédents ouvrages où elles foisonnent.

Que pensez-vous du travail des critiques suivants et quelles étaient vos relations avec chacun d'eux ? Georges Poulet, Jean Rousset, Jean Starobinski, Jean-Pierre Richard, Gérard Genette, Jean Tortel...

Plusieurs des critiques dont vous citez les noms ont participé au colloque *Les Chemins actuels de la critique*, que j'ai évoqué tout à l'heure. Dans ce colloque, j'ai fait, pour ma part, une communication sur Gaston Bachelard sans dire suffisamment (mais cela m'aurait sans doute

[1] Mark Schorer, cité par Françoise van Rossum-Guyon, « Le Nouveau Roman comme critique du roman », dans Jean Ricardou et Françoise van Rossum-Guyon (dir.), *Nouveau Roman : hier, aujourd'hui*, vol. 1, *op. cit.*, p. 215.

conduit un peu loin) qu'il s'agissait, non du premier Bachelard (l'épistémologue), mais du second (le « poéticien »). S'agissant des relations que j'entretenais avec ces critiques, je dois avouer qu'elles étaient, dans l'ensemble, et ceci explique sans doute cela, plutôt lointaines et plutôt cordiales. S'agissant de leur travail, il me faut dire, si j'excepte celui de Gérard Genette qui, au prix quelquefois d'un vocabulaire technique assez novateur, s'est efforcé de saisir des problématiques générales (ce qui m'en rapproche), que j'ai éprouvé globalement, et dussé-je lors être un peu caricatural, le sentiment qu'il s'appuyait un peu trop sur ce qu'il est convenu de nommer le « contenu » au détriment de ce que, en regard, l'on appelle la « forme ».

Vous avez participé, en 1964, à un débat, organisé à la Mutualité par l'Union des étudiants communistes de France, sur le thème « Que peut la littérature ? », où plusieurs autres écrivains étaient présents, comme Jean-Paul Sartre, Simone de Beauvoir, Jean-Pierre Faye. Racontez-nous cet événement...

Ce que je puis ajouter à ce qui a déjà été fourni dans « Un soir d'automne à la Mutualité » (*L'Infini*, n° 49-50), et dans « L'impensé d'un soir » (*NRF*, n° 609) relève soit de l'important, soit de l'anecdotique. Pour ce qui est de l'important, je crois me souvenir que Jean-Paul Sartre, dans la discussion, a répliqué, quant à mon propos qui assimilait, sur l'exemple de Proust, ce qu'il est convenu de nommer « littérature » à ce que Sartre réservait à la poésie, quelque chose comme « Et Montaigne, alors, ce n'est pas de la littérature ? », ce qui, si l'on excepte le vocable « littérature », n'est pas dépourvu d'une certaine pertinence. Pour ce qui est de l'anecdotique, j'ajouterai deux éléments. L'un, c'est que, ayant remplacé au pied levé, pour ce débat, le romancier Claude Simon, qui s'était désisté *in extremis*, j'ai eu quelque mal, à cause de l'affluence énorme, à pénétrer dans la Mutualité. L'autre, c'est que, dans la pièce attenante à la salle elle-même, et avant que nous allions dans celle-ci, Jean-Paul Sartre, blafard (je pense aujourd'hui qu'à cet égard peut être incriminé l'éclairage) m'a dit, après quelques civilités, quelque chose comme « Sur le principal, nous sommes d'accord, n'est-ce pas ? ». À quoi je pense avoir répondu : « Pas tout à fait, Monsieur, pas tout à fait ».

### Quels ont été vos rapports avec la *Nouvelle Revue française* ? Quel rôle a-t-elle joué et joue-t-elle dans le champ de la littérature ?

Ce dont il faut avoir bien gardé la mémoire, c'est que l'histoire de la *Nouvelle Revue française* comporte plusieurs périodes. Celle qui me concerne peut sommairement être appelée la « *NRF* de Jean Paulhan ». Sous la direction de celui-ci, il m'est arrivé, quand j'ai commencé à publier, de rédiger plusieurs « notes de lecture » et un écrit bref, repris ensuite dans mon recueil *Révolutions minuscules*, intitulé « Lancement d'un voilier ». Ensuite avec la disparition de Paulhan les choses ont changé et, beaucoup plus tard, l'un de ses successeurs, Philippe Forest, m'a sollicité pour le numéro 609 ayant pour thème « Que peut (encore) la littérature ? ». Quant à Jean Paulhan lui-même, il faut préciser qu'il aimait publier dans la *NRF* le principal de ce qui s'affichait comme nouveau. Ainsi, c'est en feuilletons que, dans cette revue, a d'abord été imprimé *La Jalousie* d'Alain Robbe-Grillet.

Que manque-t-il à la critique littéraire de nos jours ? Quelles sont les difficultés qu'elle rencontre ?

Ces choses sont suivies de trop loin par celui qui vous parle, pour qu'il puisse répondre précisément à cette question. Je dirai donc seulement, d'une façon un peu générale, qu'une critique n'accède à une certaine pertinence que si elle s'adosse à une théorie élaborée qui la situe et lui donne ses instruments. Je crains fort que, dans l'actuelle période, plutôt rétrograde quant à la pensée, ait droit de cité l'avis d'un tel sur quelques ouvrages, ce qui, hélas, pourrait un peu ne pas aller beaucoup plus loin que l'idéologie à laquelle, peut-être sans le savoir, il se soumet.

# 7

# La textique

Vous avez créé une « discipline », pour reprendre votre terme, qui s'appelle « textique ». Comment s'est-elle constituée ?

En effet il convient d'admettre que s'est constituée, pour le principal avec mes offices, une nouvelle discipline qui, aujourd'hui (et donc jusqu'à nouvel ordre), a pris le nom de **textique**. À son propos, il est possible d'envisager une certaine origine et une certaine histoire. Mais, ce faisant, il semble que l'on fasse allégeance à l'omniprésent exercice de **représentation**, ce qui ne laisse pas d'introduire une particulière difficulté. C'est que, et pour le dire au très bref, la **textique** semble avoir pour vertu d'éclaircir, voire de mettre en cause la représentation, qu'elle estime favorable à une manière de naïveté. C'est donc avec des réserves qu'un **texticien** peut envisager l'origine et l'histoire de sa discipline. S'agissant de l'origine, il est permis d'assurer que la **textique** a pris naissance au sein d'un groupe de chercheurs réuni, de façon annuelle, à Cerisy autour de mes travaux sur le **Nouveau Roman**, et ayant pour rôle d'établir ce qui s'était appelé une « théorie matérialiste du texte », qu'elle s'est affermie au fil d'un séminaire que j'ai conduit sur les « Ateliers d'écriture » au Collège international de philosophie, à Paris. Pour ce qui me concerne, je dois avouer une certaine insatisfaction, et générale (vis-à-vis de ce qui était déclaré), et particulière (vis-à-vis de ce qui était spécialement déclaré à propos de l'**écrit**). Pour ce qui concerne ce groupe dans chacun de ses membres, je pense qu'il devait en aller plus ou moins de même. Pour ce qui concerne le groupe dans son ensemble, il a, bien sûr, évolué, chacun se trouvant tiraillé, soit par ses propres recherches, soit par les exigences de sa profession, soit, ce qui n'est pas incompatible, par les sortilèges de l'idéologie ambiante, si bien qu'aujourd'hui, et si je m'excepte, il ne reste, de cet ensemble, que trois « survivants ». Ce qu'il semble permis d'affirmer, donc, quant à la constitution de cette nouvelle discipline, c'est que, mettant en cause, et par sa méthode, et dans son principe, la sempiternelle dominance de la représentation, elle demeure plutôt difficile.

## Quels en sont les principes ?

Les principes de la **textique**, du moins à prime regard, ne sont pas très compliqués. En effet, ce dont il s'agit, avec elle, et tenant compte de ce que l'effort de pensée, pour atteindre quelque profondeur et quelque fermeté, sollicite depuis longtemps l'écrit, c'est de réunir, sous une vue unitaire, et de façon à n'être point trop géré, à son insu, selon trop de méconnaissance, par ce que l'on utilise, l'ensemble des structures qu'il peut offrir.

## Quelles sont les particularités de sa méthode ?

La méthode **textique** n'est guère plus compliquée. En effet ce à quoi elle prétend, c'est seulement à l'exercice d'une certaine rigueur. Ainsi, chacun des chapitres qui composent ce que l'on appelle, familièrement, le « massif théorique », est voué à un seul concept, et celui-ci, d'emblée, est déterminé, afin que soit lors affiché ce qui se trouve en jeu, par une inaugurale définition. Dès lors, chacun des chapitres est scandé par une succession de rubriques distinctes : définition donc, propositions (qui seraient, en mathématiques, si la **textique** pouvait prétendre à de pareilles exigences, des « théorèmes »), argumentations (qui correspondraient, du coup, à ses « démonstrations »), exemplations (qui fournissent, suivant ce qui est conçu, à l'ordinaire, sous le nom d'« exemples », toujours au moins une occurrence de ce qui est avancé).

## Comment concevez-vous son épistémologie ?

Par suite, et sous l'angle de ce que vous appelez « épistémologie » et qui, pour les **texticiens**, relève plutôt d'une « démécognation », c'est-à-dire, non point trop de ce qui ressortit à une connaissance (car ce qui est déclaré ordinairement « connu » se trouve, de façon successive, frappé de remaniements plus ou moins rudes), mais plutôt à une « déméconnaissance » (car l'idée d'une « démécognation » parvient à relativiser les prétentions des prétendues « connaissances » et à respecter, toujours, une certaine part d'inconnu).

## À quel besoin correspond-elle ?

J'estime qu'il vaut mieux dire qu'elle le cristallise. En effet, si se trouve considéré sous un angle suffisamment critique ce qui s'écrit en général (où abondent les imprécisions), il ne semble pas que le souci de rigueur se trouve, d'ordinaire, tout à fait en vigueur, ni que la **représentation** se montre beaucoup mise en cause, de telle sorte que la **textique** pourrait bien n'apporter une aide, sous les espèces d'une réflexion assurée, que pour celles et ceux qui ont atteint une hauteur suffisante pour être insatisfaites ou insatisfaits sous les vues de la rigueur et de la **représentation**.

Pourriez-vous développer les concepts clés de la textique ?

*[La mort de Jean Ricardou, survenue subitement le 23 juillet 2016, a interrompu cet entretien.]*

# DEUXIÈME PARTIE

## Complément théorique

# 1

# Un récit autobiographique

Il se rencontre, dans ce qui pourrait se nommer la mienne mémoire, et sous les espèces dites « **souvenir d'enfance** », une initiale séquence de la « **bande dessinée** » ayant pour titre *Les Malheurs de Félix*, où le chat noir, après avoir chu de la lune sur un polaire bloc de glace, s'inquiète, par les offices d'un gros point d'interrogation rouge, de la manière dont il va pouvoir se nourrir, puis, dans les cases suivantes, saisit ce fort parlant symbole, et, le plongeant dans l'eau, en fait un hameçon qui sitôt lui permet une prise.

Ce qui semble notable, dans cette petite affaire, ce sont au moins deux choses : d'une part, quant à l'**ouvrage**, le piquant d'un gag permettant d'introduire comme élément représentatif dans le récit (un hameçon) ce qui, seulement choisi pour manifester une perplexité, relève d'un symbole (le point d'interrogation) ; d'autre part, quant à l'**observateur**, la venue d'un enfant suffisamment sensible à ce mécanisme pour que perdure, au long d'une existence, ce qu'il a bien fallu nommer un souvenir.

Or un ultérieur examen de l'opuscule s'est montré sans appel : la séquence du point d'interrogation... n'y existe pas.

Et, en conséquence, ce qu'il faut bien admettre, c'est que, tout vérace qu'il se croie, le prétendu souvenir à l'instant évoqué ne correspond point trop à ce qui, jadis, a dû plus ou moins se produire.

**Mais encore parce qu'il ne saurait jamais ressortir qu'à une principielle reconstruction** ? Oui.

En effet ces raisons peuvent s'apercevoir aussi bien dans l'ordre de l'émission que sur le registre de la réception.

C'est que, par son principe, toute évocation autobiographique, en ce qu'elle est soumise à l'impossibilité d'évoquer le **tout** d'une vie, se trouve contrainte à d'inévitables choix, lesquels supposent la mise en jeu de critères sélectifs qui jouent d'un côté comme de l'autre.

Du côté de l'**émission**, car l'inévitable choix rétrospectif entraîne le péril d'une certaine « **image** », celle que l'autobiographe, ou bien se fait de lui-même (et l'incite à fournir, accréditant ce qu'il croit être, l'« **histoire qu'il se raconte** »), ou bien veut qu'il soit fait de lui-même (et l'incite à fournir, accréditant ce qu'il souhaite voir pensé de lui, l'« **histoire qu'il sied de raconter** »).

Du côté de la **réception**, car l'inévitable choix rétrospectif entraîne le péril, également, d'une certaine « **image** », celle que la lectrice ou le lecteur souhaite se faire de l'autobiographe (et, selon une consolidation du mécanisme évoqué à l'instant, l'incite à fournir, accréditant ce qu'il croit qu'ils souhaitent croire, l'« **histoire qu'il sied de leur raconter** »).

Dès lors, se montrer attentif à ces écueils suppose au moins deux gestes : l'un, celui, autant que possible, de se dispenser, selon des précautions (dont la présente), d'offrir sans retenue le lisse récit auquel tout encourage ; l'autre, celui, autant que possible, de se dispenser, selon d'autres précautions (dont les subséquentes), d'offrir prise à ce qui est trop aisément convenu.

C'est donc avec circonspection qu'il sied d'envisager, et la notion de « **parcours** », et la notion de « **naissance** ».

Si la notion d'un « **parcours** » mérite une préalable méditation, c'est que, et d'autant plus quand celui-ci paraît obéir à une certaine cohérence, l'indication d'un **cheminement** tend, sous les espèces d'une facile explication, à mettre aux commandes l'antécédence d'un **site à rejoindre**, lequel, en l'incontournable **reconstruction** dont il procède, n'est, propice à une illusion rétrospective, le plus souvent qu'un **effet d'après-coup**.

Ainsi, à supposer, comme il semble être admis, que partir d'une **activité dite « manuelle »** (le père ayant été simple artisan en électricité, la mère simple artisane en maroquinerie) et parvenir à une **activité dite « intellectuelle »** (celle d'enseignant et d'« **écrivain** »), que partir de **conditions matérielles difficiles** (à cause, notamment, de la crise économique après 1929) et parvenir à un **état moins inconfortable** (qu'a permis, notamment, la profession exercée), c'est fournir un exemple d'« **ascension sociale** » risque de cautionner, plus que miette fallacieuse, l'idée que ce « **parcours** » correspondrait à la réalisation de ce que d'aucuns pourraient bien aller, même, jusqu'à nommer, fût-il assez médiocre en la circonstance, « un **plan de carrière** ».

Et, par suite, ce qu'il pourrait bien être meilleur de saisir, dans ce qui aura les apparences d'un **trajet**, c'est, moins l'existence d'un précis **objectif d'ordre social** (certaine « **position** » briguée dans une publique « **hiérarchie** » largement convenue) que la mise en jeu de **perceptibles règles** (certaines sous-jacentes « **gouvernes** » permettant, sensibles avec ce qui peut être nommé des **propensions**, que se module une certaine vie).

Si la notion de **naissance** mérite, elle non moins, une préalable réflexion, c'est que, et d'autant plus qu'elle paraît n'obéir qu'à des **mentions neutres**, l'indication d'une « **venue au monde** » risque implicitement de mettre aux commandes, sous le prétexte de simplement informer, quelquefois des éléments tendancieux.

Ainsi la **naissance** suppose une certaine **date**, mais les précisions qui, à cet égard, peuvent être fournies, ne sauraient toutes jouer le même rôle.

En préciser l'**année**, qui, en l'occurrence, se trouve être **1932**, c'est ouvrir, bref cautionner, ouvertement une **possibilité** pouvant être dite « **historique** », dans l'optique de laquelle, pour s'en tenir au sommaire, il est loisible d'observer que, pour un tel, certains événements, comme ceux de la Seconde Guerre mondiale (1939-1945), ont pu, d'une manière ou d'une autre, être **vécus**, tandis que les précédents, comme, sur le même registre, ceux dits de l'entre-deux-guerres (1919-1939), n'ont jamais pu lui parvenir que, fussent-elles issues, en partie, de certains proches, sous les espèces d'une **narration**.

En préciser le **jour** et le **mois**, ce qui ne sera point fait, serait ouvrir, bref cautionner, outrageusement une **possibilité** pouvant être dite « **astrologique** », puisque n'en paraît guère trop l'intérêt fors celui, un peu contestable, d'établir ce qui semble nommé un « **thème astral** ».

En préciser l'**heure**, voire, pourquoi non, les **conditions atmosphériques**, ce qui ne sera fait que pour permettre une mise en cause, serait ouvrir, bref cautionner, inconsidérément une **possibilité** pouvant être dite « **narcissique** », en permettant que, et pour le dire plaisamment, « **la planète soit informée** » de ce qui, tout au plus, ne saurait jamais ressortir davantage qu'à un aimable **récit familial**.

Certes il est possible, ladite naissance s'étant produite à midi, par forte chaleur, dans un méridional pays maritime et face à un immense pin parasol, qu'il ait été difficile à l'individu mis ensuite au courant de ne pas déformer, plus tard, les premiers célèbres vers du *Cimetière marin* :

> Ce toit tranquille, où marchent des colombes,
>
> Entre les pins palpite, entre les tombes ;
>
> Midi le juste y compose de feu,
>
> La mer, la mer, toujours recommencée ! [1]

en y associant, de façon toute particulière, sous l'emprise du pin familier et du feu évoquant la chaleur, sitôt la mort et la naissance, puis la mer et la... mère.

Mais, si intégrante portion puisse-t-elle, de la sorte, avoir fait partie de l'existence du quidam, cette anecdote, ici fournie en simple guise d'exemple, et dans la mesure où elle concerne peut-être **quelqu'un** (le risque d'une lecture erronée, notamment, dont il doit se garantir), mais non l'**écrit en cause** (la pièce intitulée *Le Cimetière marin* n'étant liée, à lire ce qui s'offre, ni à cette précise naissance au cours d'une canicule, ni à ce méridional pays maritime), ne saurait en rien être déclarée opportune, sauf, comme ici, à faire saillir certains des subreptices périls que le **narcissisme** fait courir.

En préciser le **lieu**, ce qui sera surtout hasardé pour que se manifestent certains autres écueils, serait ouvrir, bref cautionner, étourdiment la **possibilité d'une critique** plutôt « **superficielle** ».

C'est que, dans la mesure où, cette naissance s'est produite à **Cannes**, et dans la mesure où un premier roman

---

[1] Paul Valéry, *Le Cimetière marin*, *Œuvres*, t. I, Paris, Gallimard, 1957 (1920), p. 147.

a paru, plus tard, sous le titre *L'Observatoire de Cannes* (1961), cette indication pourrait être prise comme un encouragement à percevoir une concordance qui, alignant cet ouvrage sur l'élément autobiographique affiché, inciterait à en ignorer paisiblement les exigences intrinsèques.

La précision ayant été fournie, il convient, en le souci d'amenuir la fallacieuse tentation critique, d'émettre à ce propos un couple de remarques.

L'une consiste à noter que tels éléments autobiographiques risquant d'accréditer la primordiale influence d'un **préalable savoir**, et en vertu de ce qui est nommé, à l'ordinaire, des « **libertés** », ont pesé d'un poids restreint sur **ce roman lui-même**.

Ainsi existe-t-il bien, sur le début du trajet ferroviaire de Cannes à Paris (que manifeste à sa façon ce livre), pour l'immédiat franchissement du massif montagneux nommé *Esterel*, une certaine quantité de tunnels, mais aucun, même le plus long, entre Théoule et Le Trayas, que plusieurs, point trop nombreux, connaissent sous le nom de *Tunnel des Saoumes*, n'offre l'ampleur que présume la séquence de strip-tease dont, censément, ils sont dans l'ouvrage l'occasion.

Ce qui importe donc, en cette optique, c'est, non point trop la convenance d'une certaine **fiction** avec divers éléments autobiographiques accréditant un certain **savoir**, mais plutôt, si l'on peut détecter un certain rapport, et puisqu'ainsi s'avère une spécifique injonction du livre, leur éventuelle divergence.

La portée du phénomène étant de quelque force, peut-être convient-il d'ajouter ici un plus notoire exemple.

Ainsi Flaubert, qui, dans une controverse avec le nommé Frœhner à propos du roman *Salammbô*, fit preuve d'une érudition faramineuse[2] attestant de l'importance qu'il accordait à un précis **savoir historique** sur la Carthage du temps d'Hamilcar, semble, comme il l'avoue, par ailleurs, dans sa réponse à des critiques de Sainte-Beuve (« Aveu ! mon opinion *secrète* est qu'il n'y avait point d'aqueduc à Carthage, malgré les ruines actuelles de l'aqueduc [...] et puis c'était une belle entrée de Spendius et Mâtho »[3]) n'avoir point trop hésité, notamment parce qu'il permettait « **une belle entrée** » de certains des protagonistes dans la ville, à faire intervenir un aqueduc qu'il pensait n'avoir, à l'époque dite, jamais trop existé.

L'autre remarque consiste, pour revenir à la question en cause, à noter que les éléments autobiographiques précisés ont pesé d'un poids infime, et en vertu de ce qui est nommé, à l'ordinaire, l'« **imagination** », sur les **romans ultérieurs**.

Ainsi le roman *La Prise de Constantinople* (1965), qui prodigue, notamment, les aventures d'un prétendu commando sur la planète Vénus, et le roman *Les Lieux-dits* (1969), qui déduit toute une région d'un certain arrangement de vocables, ne paraissent guère pouvoir être éclairés, pour l'essentiel, même obliquement, avec le jeu d'indications ressortissant, que laisse entrevoir l'autobiographie, à un certain savoir sur des lieux.

Néanmoins, sachant, de cette façon, que, tout empreintes de **neutralité** qu'apparemment elles semblent, certaines honnêtes indications pourraient bien, sous divers angles, être plutôt suspectes, et si oiseuses pussent-elles paraître, les unes comme les autres, à maints égards aux yeux de la lectrice ou du lecteur, il semble possible, dans la mesure où, malgré tout, elles semblent pouvoir amenuir

---

[2] Gustave Flaubert, « Réponse de Flaubert à Frœhner », *Œuvres*, t. I, Paris, Gallimard, 1972 (1863), pp. 1006-1012.
[3] *Ibid.*, p. 1004.

certaines **idées reçues** et trahir certaines **propensions notables**, d'en ajouter quelques-unes.

Ainsi, pour méticuleuse que l'information semble, peut-être n'est-il point tout à fait inutile de préciser la **professionnelle séquence** accomplie en notant que, après des études primaires à l'école publique, et secondaires au lycée d'État de la ville natale, puis un passage à l'École Normale d'Instituteurs de Paris, sont advenues, sous l'impact, laissé ici sans leurs détails, des circonstances davantage que selon un plan établi, des activités plutôt différentes : d'abord, pendant une dizaine d'années, celle d'un instituteur ayant pour charge d'apprendre à de petits enfants la capacité de former des « **lettres** » et de « **lire** », suivie, pendant une autre dizaine d'années, de celle d'un professeur de collège ayant pour mission d'apprendre à des adolescents le français, l'histoire, la géographie, voire, un temps, les... sciences naturelles, accompagnées de celle d'un professeur épisodique et d'un nomade conférencier dans diverses Universités étrangères (sur le thème dit « **Nouveau Roman** »), jusqu'à ce que survienne, congé de l'Éducation Nationale et des voyages ayant été pris, celle de conseiller à la programmation et à l'édition auprès du Centre culturel international de Cerisy la Salle.

C'est que, de la sorte, il paraît loisible, non seulement d'amenuir une première **idée reçue** (pouvant bien se plaire à croire que celui qui, semble-t-il, est devenu un **théoricien de l'écrit** n'a jamais été trop soumis aux exigences du **terre à terre**) ; mais encore de manifester une première **propension** (celle de s'en remettre, chaque fois, davantage aux sollicitations extérieures qu'à l'impérieux souci de patiemment gravir des échelons).

Ainsi, pour avantageuse que l'indication semble, peut-être n'est-il point tout à fait inutile, également, de faire saillir un aspect de cette activité enseignante en mentionnant qu'elle a paru suffisamment convenable, quand elle a eu lieu, pour que soit proposée chaque fois, dans le primaire, puis le secondaire, la venue de stagiaires devant apprendre certaines des façons du métier.

C'est que, de la sorte, il paraît loisible, non seulement d'amenuir une seconde **idée reçue** (pouvant bien se plaire à croire que des activités différentes conduites en parallèle, à l'époque celle d'un romancier doublé d'un conférencier itinérant et celle d'un enseignant élémentaire, ne sauraient que mutuellement se nuire), mais encore de manifester une seconde **propension** (celle de porter un persistant intérêt à la formation de formateurs).

Ainsi, pour frivole que l'anecdote semble, peut-être n'est-il point tout à fait inutile de mentionner que, et à la façon, évidemment lors insue, de célébrités (dont Albert Camus, notoire jeune gardien de but au football, ou Jacques Derrida, soucieux, adolescent, d'y très bien jouer[4]), s'est exercée une activité sportive d'un certain type (conduisant, après avoir, juvénile, porté le modeste maillot du Central Club de Cannes, à faire partie des modestes équipes de football et de volley-ball représentant l'École Normale d'Instituteurs de Paris).

C'est que, de la sorte, il paraît loisible, non seulement d'amenuir une troisième **idée reçue** (pouvant bien se plaire à croire que celui qui, semble-t-il, est devenu un **théoricien de l'écrit** n'a jamais nourri le moindre penchant pour les physiques activités ludiques), mais encore de trahir une troisième **propension** (celle de préférer, à ce qui, avec les sports individuels, relève du flagrant *ego*, ce qui, avec les sports d'équipe, ressortit plutôt à la coopération).

---

[4] Benoît Peeters, *Derrida*, Paris, Flammarion, 2010, pp. 36-37.

Ainsi, pour marginale que l’anecdote semble, peut-être n’est-il pas tout à fait inutile de mentionner que, dans le cadre de ce qui, à une époque, était appelé « **service militaire** », il a été possible, en 1956, pendant ce qui, tout en méritant la formule, n’était pas encore nommé la « **guerre d’Algérie** » (1954-1962), et à la suite d’un séjour de quelques semaines en Tunisie vers la frontière libyenne, de parvenir, après divers épisodes finissant par impliquer un rien de psychiatrie, d’obtenir une réforme pour inaptitude à se maintenir dans l’armée.

C’est que, de la sorte, il paraît loisible, non seulement d’amenuir une quatrième **idée reçue** (pouvant bien se plaire à croire que celui qui, semble-t-il, est devenu un **théoricien de l’écrit** s’est trouvé garanti des incommodités de son temps), mais encore de trahir une quatrième **propension** (celle de ne point nourrir un goût immodéré pour la subordination sans réplique).

Ainsi, pour superflue que l’anecdote semble, peut-être n’est-il point tout à fait inutile de mentionner l’adhésion, après le retour d’Afrique, au petit groupement politique nommé **UGS** (Union de la Gauche Socialiste), issu d’une fusion d’encore moindres groupuscules, qui devait se fondre, ultérieurement, dans ce qui allait prendre le nom de **PSU** (Parti Socialiste Unifié), et dont le principal combat était celui de la **Paix en Algérie**, puis, à la suite d’une réflexion, en 1959, un retrait de cette formation accompagné de la mise en chantier d’un premier roman.

C’est que, de la sorte, il paraît loisible d’amenuir une cinquième **idée reçue** (pouvant bien se plaire à croire que celui qui, semble-t-il, est devenu un **théoricien de l’écrit** s’est continûment tenu à l’écart des « **affaires de la cité** »), mais encore de trahir une **cinquième propension** (celle de se montrer attentif au socle, largement ignoré, des profondes idéologiques connivences que partagent certains voyants adversaires, à savoir, en l'espèce, s'agissant de l'**écrit**, la plupart des hommes politiques de gauche et de droite, un commun aveugle penchant pour le prétendu « **Réalisme** », quant à ce qui, s'agissant de comprendre, pourrait bien être l'essentiel).

Ainsi, pour curieuse que l'anecdote semble, peut-être n'est-il pas tout à fait inutile de mentionner que les « **études supérieures** » sont advenues tardivement, d'abord, quant à la « **licence** », à l'Université de Vincennes, ouverte à la suite des « **événements de mai 1968** », et libérale au point de permettre, non seulement un jeu d'équivalences, mais encore que soient accordées certaines « **unités de valeur** » sur le « **Nouveau Roman** » (à condition, en l'espèce, d'une... absence capable de respecter la sérénité des cours), puis, quant à ce qui était lors la « **thèse de troisième cycle** », et, ensuite, la « **thèse d'état** », la présentation, chaque fois, *Le Nouveau Roman* (1973) avec l'une, *Problèmes du Nouveau Roman* (1967), *Pour une théorie du Nouveau Roman* (1971), *Nouveaux problèmes du roman* (1978) avec l'autre, d'ouvrages au préalable publiés.

C'est que, de la sorte, il paraît loisible d'amenuir une sixième **idée reçue** (pouvant bien se plaire à croire que celui qui, semble-t-il, est devenu un **théoricien de l'écrit** s'est largement tenu à l'écart des études universitaires), mais encore de trahir une sixième **propension** (celle de n'être point trop enclin, fussent-elles académiques, aux cauteleuses reptations).

Qu'il soit permis enfin de manifester, par les services d'une ultime remarque, la pénible impression ressentie, qui pourrait bien trahir le fondamental décalage séparant une **situation** (pour l'heure, quelle ait-elle été, une certaine vie) et une **innovation** (pour l'heure, quelle qu'en soit l'importance, d'éventuels apports), de n'en avoir point assez dit à force d'en dire un peu trop.

# 2

# Destitution fonctionnelle et restitution prescrite

Ce qui unifie, il suffit d'un rien de réflexion pour l'apercevoir, et, dans leur immense diversité, la plupart des objets régnants et, dans leur profuse variété, la plupart des comportements ordinaires, n'est rien de moins que ce qu'il semble falloir nommer leur **fonction**.

C'est que, sur l'appui de l'**effet** qu'ils peuvent fournir, ils se laissent concevoir, en ultime instance, et les uns, et les autres, comme ce qu'il paraît judicieux d'appeler des « **moyens** ».

À cela, il convient d'ajouter que, aujourd'hui exponentielle dans nombre de sociétés, la crue des techniques conduit, même si, à force d'habitude, il n'y est plus guère trop pris garde, ce **tout fonctionnel** à investir complètement l'ensemble de la pensée.

Or, l'observation devant, en premier lieu (afin qu'en soit établi le principe), être faite en généralité, puis, en second lieu (afin qu'en soient saisies certaines des spécificités), se prolonger par un examen en détail, il se trouve que le recours à la **fonctionnalité** s'accompagne, permanent, d'un phénomène trop chichement envisagé.

**Un phénomène trop chichement envisagé** ? Oui.

En effet, sitôt qu'une chose est réduite, en vue de quelque **fin**, au rôle de « **moyen** », elle subit, à divers degrés, une imperceptible métamorphose par laquelle, plus ou moins s'évaporent certains de ses composants, de telle sorte que, cessant, en son aptitude à quelque utilité, d'être entièrement perçue comme telle, elle souffre d'une certaine **déperdition de ce qu'elle se trouve offrir**.

Pour en saisir le mécanisme, et dans la mesure où, de cette manière, ce qui reçoit une **fonction** subit corrélativement une certaine déchéance, c'est un **concept** comme celui de **destitution fonctionnelle** qui semble le moins fâcheux.

Cette **fonctionnelle destitution**, d'autant plus inaperçue qu'avec elle la perception elle-même s'amenuise, il semble qu'elle puisse être saisie par deux voies : d'abord de façon indirecte, puis de façon directe.

Cette **destitution** peut être saisie, d'abord, d'une façon **indirecte** avec le recours à une comparaison d'attitudes.

L'une, celle qui porte sans cesse à quérir des « **moyens** », se nomme ordinairement l'**action** ; l'autre, celle qui, au contraire, parce qu'elle suspend l'**action**, porte à oublier le rôle de « **moyens** » que l'action requiert, se nomme, à prime vue adverse (et sur laquelle, du reste, il faudra un peu plus loin revenir), ordinairement la **contemplation**.

Or, avec leur confrontation, ce sont deux éclairages, simultanément, qui s'avèrent.

Premièrement, puisque la **contemplation**, assimilée, de façon courante, à certaine **inaction** (souvent confondue, elle-même, avec une paresse), se trouve subrepticement rabaissée, il est possible de saisir que, ce qui est communément encouragé, c'est moins, qui regarde les choses, la **contemplation**, que, sollicitant des « **moyens** », ce qu'il est convenu de nommer l'**action**.

Deuxièmement, puisque la **contemplation** est ce qui conduit plutôt à voir davantage, il faut admettre que, son contraire, l'**action**, qui utilise des « **moyens** », incline plutôt, selon ce qui se pense avec ce que permet de saisir la **destitution fonctionnelle**, à voir moins.

Cette **destitution** peut être saisie, ensuite, d'une façon **directe** avec l'examen un peu soigneux de certains des objets liés à une **fonction**.

Toutefois, mieux vaut l'apercevoir dès l'abord, si cet examen présente un bénéfice, il souffre également d'un péril.

Le **bénéfice** tient à ce que, dans la mesure où, avec cette méthode, il s'agit toujours d'envisager certains objets précis, ce sont, chaque fois, certains « **moyens** » tangibles qui, l'affaire prenant du coup plus d'exactitude, se trouvent sans détour mis en observation.

Le **péril** vient de ce qu'un brouillage peut, sitôt le début, divertir lourdement la pensée.

Car, ce qui, fondamentalement, peut s'opposer à l'idée que les « **moyens** » sont soumis, comme tels, à une **destitution fonctionnelle**, c'est, puisque, loin d'être amenuis, ils semblent, lors, à l'inverse, magnifiés par une espèce de splendeur, le principe de leur **enrichissement**.

Voici donc le moment où il convient de faire preuve d'un léger surcroît de vigilance.

Car, ce qu'il sied de noter, c'est que si, avec l'**enrichissement**, aussi bien par l'emploi d'une « **matière noble** » que par le recours à une **ornementation brillante**, le « **moyen** » qui en bénéficie semble promu et accéder à une manière de **gloire**, cette **gloire** l'affecte, en le principe, non point trop de façon **intrinsèque**, puisque, n'en accroissant aucunement l'efficace, elle ne concerne pas la **fonction** qui le définit en tant que « **moyen** », mais plutôt de façon **extrinsèque**, puisqu'elle rejaillit, avant tout, sur qui jouit, avec cet objet censé « **splendide** », de ce qu'il faut bien appeler un recel.

Et, en conséquence, puisqu'il jouxte la **fonction** sans la concerner de façon **intrinsèque**, l'**enrichissement** des « **moyens** » peut être pensé, en sa latéralité constitutive, comme une sorte de **parafonction**.

Cette initiale difficulté paraissant, après cette réflexion en généralité, quelque peu éclaircie, il devient possible, et avec le souci de retenir des occurrences résolument différentes, d'observer la **destitution fonctionnelle** par les offices d'une analyse en spécificité.

**Et avec le souci de retenir des occurrences résolument différentes** ? Oui.

En effet, si se trouvent choisies, pour les spécifiques examens à venir, des occurrences résolument différentes, alors, ce qu'il devient prévisible d'obtenir, ce sont deux avantages.

L'un, tout global, tient à ce que, dans la mesure où, de cette façon, la **destitution fonctionnelle** paraît devoir saillir sous les espèces d'une variété, c'est dans sa profuse diversité qu'elle pourra être mise en lumière.

L'autre, tout local, vient de ce que, dans la mesure où, de cette façon, certaines « **valeurs** » paraissent pouvoir être mises en crise, il semble possible d'accomplir deux symétriques gestes d'importance, d'une part, le reclassement d'un objet plutôt fréquent à l'ordinaire sous-estimé, et, d'autre part, le déclassement d'un objet plutôt rare à l'ordinaire sacralisé.

**Un objet plutôt fréquent à l'ordinaire sous-estimé** ? Oui.

En effet le premier objet qu'il semble heureux d'offrir à l'examen, et puisqu'il s'agit, très simplement, d'un... **couteau**, compte, en raison d'un quotidien usage, parmi les plus courants.

Que cet objet puisse s'entendre comme un « **moyen** », voilà, dès lors qu'il est admis comme ce à quoi est dévolue la **fonction de couper**, qui ne fait guère obstacle.

Cependant, ainsi que la réflexion en généralité a permis de le saisir, le brouillage qui peut gêner, à son égard, l'éclaircissement de la **destitution fonctionnelle**, dont, en tant que « **moyen** » (celui de **couper**), il se trouve pâtir, vient de ce qu'il peut bénéficier d'un **enrichissement** capable, à prime vue, au lieu de l'amenuir, plutôt de le promouvoir.

C'est donc sur cette banale occurrence dudit **couteau** en tant que « **moyen** » **pour couper** qu'il faut, maintenant, préciser l'analyse.

Un **couteau**, certes, peut bénéficier d'un **enrichissement** aussi bien par l'emploi d'une « **matière noble** » (pour son manche, non le bois ordinaire, mais le placage de quelque précieuse nacre) que par le recours à l'**ornementation brillante** (pour le tranchant, non l'ordinaire acier nu, mais l'ajout, damasquinée, d'une arabesque somptueuse), cependant la **gloire** dont il est ainsi l'occasion l'affecte, non point trop de façon **intrinsèque**, puisque, n'en accroissant aucunement l'efficace, elle ne concerne pas la **fonction de couper** qui le définit en tant que « **moyen** », mais plutôt de façon **extrinsèque**, puisqu'elle rejaillit, avant tout, sur qui jouit du recel de cet objet censé « **splendide** ».

Et, en conséquence, puisqu'il jouxte la **fonction de couper** sans la concerner de façon intrinsèque, l'**enrichis-**

**sement du couteau** par les offices, soit d'une « **matière noble** », soit d'une **ornementation brillante**, peut être pensé, en sa latéralité constitutive, plutôt comme une **parafonction de la coupe**.

Quant à la **fonctionnelle destitution**, pour en venir à elle, dont le **couteau**, en tant que « **moyen** », se trouve affecté, il est permis de saisir qu'elle advient par les offices, la **suppléance**, l'**accoutumance**, la **négligence**, d'un notable trio de mécanismes.

Selon la **suppléance**, surtout, dans la mesure où, dès lors qu'il s'agit **du geste de couper**, un **couteau différent**, quand ses particularités n'empêchent point qu'il possède, sous cet angle, une même aptitude, fera tout aussi bien l'affaire, de telle sorte que, du moins sous cette vue, deviennent largement insensibles les caractéristiques du **couteau concerné**.

Selon l'**accoutumance**, également, dans la mesure où, dès lors qu'il s'agit du **geste de couper**, les propriétés du manche qui l'assiste, à savoir une certaine oblonguité, dont le diamètre et la longueur sont favorables au maniement, tendent, avec l'habituelle répétition de la **coupe**, à moins se ressentir.

Selon la **négligence**, aussi, dans la mesure où, dès lors que certains spécifiques **éléments du couteau** envisagé ne jouent point, comme tels, un immédiat rôle spécial dans la sienne **fonction tranchante**, notamment, quant au manche qui la favorise, chacune des deux extrémités (car il importe assez peu, du moins sous cet angle, qu'elles offrent telle allure plutôt qu'une autre), ils tendent à ne guère trop recueillir, du côté de qui songe à la **coupe**, une considération particulière.

**Un objet plutôt rare à l'ordinaire sacralisé** ? Oui.

En effet le second objet qu'il semble possible de retenir, puisqu'il s'agit de la pièce commodément appelée « **sonnet en yx** », compte, aux yeux des amateurs d'exceptionnel, parmi les moins courants :

> Ses purs ongles très haut dédiant leur onyx,
> L'Angoisse, ce minuit, soutient, lampadophore,
> Maint rêve vespéral brûlé par le Phénix
> Que ne recueille pas de cinéraire amphore
> Sur les crédences, au salon vide : nul ptyx,
> Aboli bibelot d'inanité sonore,
> (Car le Maître est allé puiser des pleurs au Styx
> Avec ce seul objet dont le Néant s'honore).
> Mais proche la croisée au nord vacante, un or
> Agonise selon peut-être le décor
> Des licornes ruant du feu contre une nixe,
> Elle, défunte nue en le miroir, encor
> Que, dans l'oubli fermé par le cadre, se fixe
> De scintillations sitôt le septuor[1]

Que cet objet puisse s'entendre comme un « **moyen** », voilà, dès lors qu'il est admis comme ce à quoi est dévolue la **fonction de représenter**, qui ne fait guère obstacle.

**La fonction de représenter** ? Oui.

En effet, face à celle ou celui qui, arguant de ce qu'il est convenu d'appeler de franches « **zones d'ombre** », émettrait sur ce chapitre quelque doute, s'oppose, et qui semble acceptable, le suivant commentaire

---

[1] Stéphane Mallarmé, *Œuvres complètes*, Paris, Gallimard, 1945 (1868), pp. 68-69.

fourni par le versificateur dans une lettre au nommé Cazalis :

> J'extrais ce sonnet [...] d'une étude projetée sur la parole [...], et il me semble se prêter à une eau-forte pleine de Rêve et de Vide. Par exemple, une fenêtre nocturne ouverte, les deux volets attachés ; une chambre avec personne dedans, malgré l'air stable que présentent les volets attachés, et dans une nuit faite d'absence et d'interrogation, sans meubles, sinon l'ébauche plausible de vagues consoles, un cadre, belliqueux et agonisant, de miroir appendu au fond avec sa réflexion, stellaire et incompréhensible, de la Grande Ourse, qui relie au ciel seul ce logis abandonné du monde[2].

C'est que, en assurant qu'un certain échange est possible entre, au moins, une portion des vers en cause et l'image qu'il se trouve décrire, ce commentaire ne laisse point de faire saillir, pour cette pièce, et fût-elle, force est d'en convenir, un peu obscure à cet égard, une certaine **capacité de représentation**.

Cependant, ainsi que la méditation, d'abord en axiomatique généralité, puis, pour le **couteau**, en circonstancielle spécificité, a permis de le saisir, le brouillage qui peut gêner l'éclaircissement de la **destitution fonctionnelle**, dont, en tant que « **moyen** » (celui de **représenter**), tel **sonnet** se trouve pâtir, vient de ce qu'il peut, non moins, bénéficier d'un **enrichissement** capable, à prime vue, au lieu de l'amenuir, plutôt de le promouvoir.

C'est donc sur la particulière occurrence dudit **sonnet** en tant que **« moyen » pour représenter** qu'il faut, maintenant, détailler l'analyse.

Tel **sonnet**, certes, peut bénéficier d'un **enrichissement** aussi bien par l'emploi d'une « **matière noble** » (pour le support, non un papier commun, mais

---

[2] Stéphane Mallarmé, *Œuvres complètes*, Paris, Gallimard, 1998, p. 1189.

quelque vélin fastueux) que par le recours à l'**ornementation brillante** (pour la typographie, non une tournure ordinaire, mais, recherchée, une somptueuse calligraphie), cependant, ici encore, la **gloire** dont il est l'occasion l'affecte, non point trop de façon **intrinsèque**, puisque, n'en accroissant aucunement l'efficace, elle ne concerne pas la **fonction de représenter** qui le définit en tant que « **moyen** », mais plutôt de façon **extrinsèque**, puisqu'elle rejaillit, avant tout, sur qui jouit du recel de cet objet censé « **splendide** ».

Et, en conséquence, dans la mesure où il jouxte la **fonction de représenter** sans la concerner de façon intrinsèque, l'**enrichissement de tel sonnet** par les offices, soit d'une « **matière noble** », soit d'une **ornementation brillante**, peut être pensé, en sa latéralité constitutive, comme une **parafonction de la représentation**.

Quant à la **fonctionnelle destitution** dont, également, tel **sonnet**, en tant que « **moyen** », se montre affecté, il est permis de saisir que, à l'instar du **couteau**, elle se trouve advenir par les offices, la **suppléance**, l'**accoutumance**, la **négligence**, du précédent notable trio de mécanismes.

Selon la **suppléance**, surtout, dans la mesure où, dès lors qu'il s'agit **du geste de représenter**, un **écrit différent** (en l'occurrence, dans la lettre à Cazalis, la description de l'eau-forte), quand ses particularités n'empêchent point qu'il possède, sous cet angle, une même aptitude, fera aussi bien l'affaire, de telle sorte que, du moins sous cette vue, deviennent largement insensibles les singularités du **sonnet en cause**.

Selon l'**accoutumance**, également, dans la mesure où, dès lors qu'il s'agit **du geste de représenter**, les caractéristiques des éléments qui le permettent, à savoir, en l'espèce, notamment les divers successifs mots requis, tendent, avec l'habituelle répétition d'une **lecture** auxiliaire de la **représentation**, à moins se ressentir.

Selon la **négligence**, aussi, dans la mesure où, dès lors que certains spécifiques **éléments du sonnet envisagé** ne jouent point, comme tels, un rôle spécial dans la **fonction représentative**, notamment, quant à l'ensemble, le début et la fin (car il importe assez peu, du moins sous cet angle, que tel **sonnet**, fors les exigences du mètre, commence avec « **Ses purs ongles** », et, fors les exigences de la rime, se close avec « **sitôt le septuor** »), ils tendent à ne point trop recevoir, du côté de qui envisage la **représentation**, une considération particulière.

Cependant si, de la sorte, d'abord un raisonnement en axiomatique généralité, puis deux parallèles examens en circonstancielle spécificité (celui du **couteau**, celui du **sonnet**) permettent d'apercevoir que leur **fonction** (la **fonction tranchante** pour le premier, la **fonction représentative** pour le second) entraîne, chaque fois, à leur égard, une certaine **destitution fonctionnelle**, il est possible de saisir, également, d'abord en axiomatique généralité, puis en circonstancielle spécificité sur chacune des occurrences offertes, un capital phénomène inverse.

**Un capital phénomène inverse** ? Oui.

En effet la **destitution fonctionnelle** peut être battue en brèche sous deux vues : d'une part une façon qui peut être dite **négative** (celle, en somme, qui a été sommairement offerte ci-dessus), et, d'autre part, une façon qui peut être dite **positive** (celle, moins connue, qu'il va falloir faire saillir à présent).

La **façon négative** est de nature à survenir, soit, selon, plus haut aperçue, celle qui peut être qualifiée, maintenant, de **contemplation intentionnelle**, soit, selon, ouvrant une problématique d'autre sorte qui ne saurait être explicitée ici, celle qui, pour la séparer, peut être qualifiée de **contemplation accidentelle**.

Il s'agit d'une **contemplation intentionnelle** quand, et il peut s'accomplir ou bien non, c'est avec un **volontaire suspens de l'acte** (celui de **trancher** pour le **couteau** si son usage cesse, celui de **lire** pour le **sonnet** si son cours est suspendu) que les objets en cause, dans la mesure où, pour lors, ils ne sauraient plus guère, **leur rôle étant annulé**, qu'être seulement sous le regard, tendent à être le site d'un **retour** des composantes qui, en l'exercice de leur **fonction**, se trouvaient perceptivement faillir.

Il s'agit d'une **contemplation accidentelle** quand, et il survient lors d'une mésaventure, c'est avec un **aléatoire suspens de l'acte** (celui de **trancher** pour le **couteau** s'il se trouve plus ou moins abîmé, celui de lire pour le **sonnet** s'il se trouve plus ou moins taché) que les objets en cause, dans la mesure où, pour lors, ils ne sauraient guère, leur **rôle étant contrarié**, qu'être seulement sous le regard, tendent à être le site d'un **retour** des composantes qui, en l'exercice de leur **fonction**, se trouvaient perceptivement faillir.

Par suite, et dans la mesure où, de cette manière, ce qui **revient** est lié, sous l'angle de la **fonction**, soit à un arrêt, soit à une gêne, la **contemplation intentionnelle** peut être pensée comme l'**effet latéral d'un arrêt de la fonction**, et la **contemplation accidentelle** comme l'**effet latéral d'une faille de la fonction**.

La **façon positive**, qu'il convient de faire saillir maintenant, et qui se distingue de la **contemplation intentionnelle**, comme de la **contemplation accidentelle**, peut être dite, en regard, la **contemplation édictée**.

Il s'agit d'une **contemplation édictée** car, et, cette fois, le dispositif lui-même l'ordonne, c'est, non plus trop avec, **intentionnel** ou **accidentel**, l'éventuel **suspens de l'acte**, mais plutôt à cause d'une **spéciale tournure** que tendent à **refaire surface** certains aspects de l'objet qui, en la **fonction** le réduisant au rôle de « **moyen** », s'en viennent perceptivement à se dissoudre.

Pour en saisir le mécanisme, et dans la mesure où, de la sorte, ce qui est **destitué** par la **fonction** tend à **revenir**, c'est, donc, ne s'agissant, pour lors, ni d'**intention**, ni d'**accident**, mais plutôt d'**ordonnancement**, le concept de **restitution prescrite** qui semble le moins fâcheux.

Ainsi, chaque fois que certains éléments de l'objet en cause sont liés par une **paire de relations spéciales** (surtout une spéciale relation quant aux **endroits** où ils se rencontrent et une spéciale relation quant aux **allures** qu'ils présentent), ils tendent, bien que **destitués par la fonction** à l'œuvre, mais dans la mesure où l'attention, à leur égard, se trouve, en quelque manière, une fois sur le **site**, une fois sur l'**allure**, deux fois sollicitée, à reprendre vigueur.

Et si ce mécanisme est plus difficile à saisir, certes, quant à la **suppléance** (car l'objet en cause tend à s'abolir avec le concours de l'autre qu'implique la substitution), il est plus sensible avec l'**accoutumance** comme avec la **négligence** (car l'objet en cause pâtit seulement, dans ces cas, d'une moindre attention), et, cela, aussi bien pour un objet plutôt banal (le **couteau**) que pour un objet plutôt rare (tel **sonnet**).

Ce qu'il importe donc de manifester maintenant, en détail et de façon parallèle, sur chacune des deux occurrences, c'est, d'abord quant à l'**accoutumance**, puis quant à la **négligence**, l'existence de la **restitution prescrite**.

Que, dans une prime phase, soit lors envisagée l'occurrence du **couteau**.

S'agissant, d'abord, de l'**accoutumance** dont il est passible, ce que l'**acte de trancher** tend à commettre, c'est, comme il a été observé, un moindre souci des caractéristiques du manche (à savoir une certaine oblonguité dont le diamètre et la longueur sont favorables au maniement).

Cependant il sied de noter que, à cause de la sienne lame, le **couteau** est soumis à d'autres exigences : comme, pour le motif de son tranchant, cette lame est coupante, elle risque de blesser ; comme, en contrepartie de sa dureté, cette lame est cassante, elle risque de se rompre.

Et, par suite, ce que, en vue de mieux remplir son rôle, demande l'instrument, c'est, outre sa lame qui permet de couper, outre son manche qui permet de manier, une assistance capable d'offrir, pour son tranchant, une protection utile.

Or, s'il est possible, certes, de concevoir, ayant cet exclusif usage (et qu'elle soit appelée **étui** ou bien **fourreau**), quelque secourable enveloppe, il existe une autre solution.

**Une autre solution** ? Oui.

En effet, ce qui s'envisage, du moins pour le « **couteau de poche** », avec le jeu qu'il semble possible, faute de mieux d'appeler « **superposition instrumentale** », c'est, dans l'**optique de la coupe**, de faire, selon, nul ne l'ignore, le principe dit « **lame pliante** », tenir le tranchant, quand il est au repos, à l'intérieur du manche.

Dans ce cas, il suffit d'un minime effort pour l'apercevoir, ce qui, avec la pliure, associe les deux facteurs diversement requis par l'exercice de la **coupe** (à savoir le tranchant et le manche), c'est le jeu d'une **paire de relations spéciales** : non seulement une spéciale relation quant aux **endroits** où ces deux éléments se rencontrent (puisque, apparemment, quand le **couteau** est fermé, l'un se trouvant inclus dans l'autre, il s'agit du même site), mais encore une spéciale relation quant aux **allures** qu'ils prennent (puisque le tranchant ne peut s'inclure dans le manche que s'il est également oblong et que si cette oblonguité n'en excède point la longueur).

Du coup, seul, en sa prégnance, un abus de l'habitude peut rendre insensible, issue pourtant de l'attention en quelque sorte deux fois sollicitée, à la mise en valeur mutuelle, et de ces **endroits** (qui, en l'occurrence, sont apparemment les **mêmes**), et de ces **allures** (qui, en l'occurrence, sont à maints égards **semblables**).

S'agissant, ensuite, de la **négligence** dont le **couteau**, en son usage, est passible, ce que l'**acte de trancher** tend à commettre, c'est, comme il a été observé, un moindre souci des deux extrémités du manche, particulières en tant que telles, mais qui, dans la **fonction** de **trancher**, semblent ne pas trop jouer un rôle spécial.

Cependant il sied également de noter que, à cause de son manche qui en permet le maniement, le **couteau** se trouve soumis, et fût-elle moindre, à une autre exigence : comme il faut que ce manche assure la meilleure des prises, il doit, pour la faciliter, permettre un enserrement de la main.

Et, par suite, ce que, en vue de mieux remplir son rôle, demande l'instrument, c'est, outre sa lame qui permet de couper, outre son manche qui permet de manier, une aptitude, pour celui-ci, à rendre plus aisée la saisie.

Or il existe, à ce problème, une solution bien connue.

**Une solution bien connue** ? Oui.

En effet, ce qui a été envisagé, avec la venue de ce qu'il semble opportun, faute de mieux, d'appeler « **similitudes polaires** », c'est, nul ne l'ignore, la possibilité, pour chacun des extrêmes du manche de recevoir, plus ou moins ample, une manière d'hypertrophie qui, concourant à encadrer la main, rend l'empoignement plus commode.

Dans ce cas, et il suffit, de nouveau, d'un minime effort pour y songer, ce qui, avec cette conformation, associe les deux subsidiaires facteurs requis par l'exercice de la **coupe** (à savoir chacun des extrêmes du manche), c'est, derechef, le jeu d'une **paire de relations spéciales** : non seulement une spéciale relation quant aux **endroits** où tels deux éléments se rencontrent (puisqu'ils sont à l'opposite l'un de l'autre), mais encore une spéciale relation quant aux **allures** qu'ils prennent (puisque l'un et l'autre surviennent, de comparable manière, sous les espèces d'un renflement).

Du coup, seul, en sa prégnance, un abus de l'habitude peut rendre insensible, issue pourtant de l'attention en quelque sorte deux fois sollicitée, à la mise en valeur mutuelle, et de ces **endroits** (qui, en l'occurrence, sont **antipodiques**), et de ces **allures** (qui, en l'occurrence, sont à maints égards **semblables**).

Que, maintenant, dans une deuxième phase, soit donc envisagée, de façon parallèle, l'occurrence du **sonnet**.

S'agissant, d'abord, de l'**accoutumance** dont il est passible, ce que, concourant à la **représentation**, l'**acte de lire** tend à commettre, c'est, comme il a été observé, un moindre souci des caractéristiques de ce qui le compose (à savoir, notamment les divers successifs mots requis).

Or s'il est possible, certes, selon un comportement ordinaire, que trahit une ignorance fréquente, de ne guère s'en aviser, il existe, dans tel **sonnet**, et capable d'amenuir cette **accoutumance**, au moins pour certains vocables une précise issue.

**Une précise issue** ? Oui.

En effet, ce qui se rencontre, avec le jeu qu'il semble opportun, faute de mieux, d'appeler « **superposition lexicale** », c'est, dans l'**optique de la représentation**, le loisir d'apercevoir, distinctes mais ressemblantes, plusieurs occurrences en même temps.

Ainsi en va-t-il au second vers.

Certes, ce qui s'y trouve en cause, au prime chef, avec, pourvu d'une majuscule, le vocable d'« **Angoisse** », n'est rien de moins que la flagrante personnification d'un certain sentiment, mais il semble, en accord, du reste, comme il sera précisé sous peu, avec les commentaires auxquels a procédé le versificateur, être « **hanté** », et, cela, non point par une seule, mais bien par deux formules consonantes.

**Deux formules consonantes** ? Oui.

En effet, s'il a paru licite, à l'instant, de prétendre que l'hypothèse d'un couple de formules consonantes est en accord, selon un surcroît, avec les commentaires auxquels a procédé le versificateur, c'est que, rappelée plus haut, la lettre à Cazalis fournit, pour la lecture, deux autres pistes : d'une part, celle de « **la Grande Ourse** », et, d'autre part, celle d'« **une étude projetée sur *la Parole*** ».

Quant à la **première consonante formule**, et si, donc, par la pensée, se superpose, à « **L'Angoisse** », le groupe de mots « **La Grande Ourse** », ce qui est perceptible, son début, « La **Gran**de », reprenant, d'une façon anagrammatiquement phonique, le début de « **L'Ang**oisse », et « Our**se** », avec sa fin, en redisant la fin, n'est rien de moins, plutôt appréciable, qu'une certaine **résonance**.

Or, avec cette formule, et le deuxième vers accueillant, pour lors, en vue de garantir le mètre, comme il suit (« **La Grande Ourse, ce soir,** soutient, lampadophore, »), à la place de « **ce minuit** », les vocables « **ce soir** » capables de maintenir l'idée, ce sont d'entiers segments du **sonnet** qui, sous l'angle d'un premier **autre effet de représentation**, demeurent consistants.

C'est que, le reste de la pièce ne s'en trouvant, semble-t-il, guère spécialement affecté, il devient licite d'entendre deux choses : d'une part que, avec « **Ses purs ongles très haut dédiant leur onyx** », la **Grande Ourse** s'offre, dans le ciel, comme, étant « **lampadophore** » avec la brillance de ses étoiles, porteuse de flambeaux, et que, ainsi, avec « **soutient** [...] **Maint rêve vespéral brûlé par le Phénix** », elle prolonge le souvenir du coucher de soleil (à savoir du phénix qui meurt et renaît d'un jour sur l'autre) ; d'autre part que, avec « **Elle, défunte nue** », elle s'éteint comme disparaît un nuage, tandis que, avec « **en le miroir** [...] **se fixe De scintillations sitôt le septuor** », néanmoins son illumination perdure, par la vertu des sept ultimes brasillantes lumières, selon ce qui se laisse entendre comme son reflet.

Quant à la **seconde consonante formule**, et si, donc, par la pensée, se superpose, à « **L'Angoisse** », maintenant, le groupe de mots « **La Langue** », ce qui est perceptible, « La **Lang**ue » reprenant phoniquement

« **L'Ang**oisse » en son début, et « **ce minuit** », du coup, avec « **ce** », en redisant la fin, n'est rien de moins, également plutôt appréciable, qu'une certaine **résonance** d'autre sorte.

Or, avec cette formule, et, pour lors, le deuxième vers se lisant (« **La Langue**, **ce** minuit, soutient, lampadophore, »), ce sont d'entiers segments du **sonnet** qui, sous l'angle d'un second **autre effet de représentation**, demeurent consistants.

C'est que, le reste de la pièce ne s'en trouvant, semble-t-il, derechef guère spécialement affecté, il devient licite d'entendre deux autres choses : d'une part que, avec « **Ses purs ongles très haut dédiant leur onyx** », la **Langue**, en faisant luire, puisqu'elle est dite « **lampadophore** », dès la prime haute strophe du **sonnet**, avec les rimes, certaines des siennes syllabes, et que, ainsi, avec « **soutient** [...] **Maint rêve vespéral brûlé par le Phénix** », elle corrobore la rêverie issue de son incandescent crépuscule terminal (quant aux finales sonorités du mot « **Phénix** » que répercutent celles du vocable « **onyx** ») ; d'autre part que, avec « **Elle, défunte nue** », elle s'éteint comme disparaît un nuage tandis que, avec « **en le miroir** [...] **se fixe De scintillations sitôt le septuor** », néanmoins cette illumination perdure par les offices, dans cette pièce de quatorze vers rimés, d'un second groupe de sept scintillements qui se laisse entendre comme son reflet.

Dès lors, il suffit d'un minime soin porté aux éléments requis par ces trois **effets représentatifs** (à savoir, suivant la lecture, respectivement, « **L'Angoisse** », « **La Grande Ourse** », « **La Langue** »), pour que puissent être émises les deux subséquentes remarques.

Voici la première : ce que, dussent en rabattre certaines idées trop reçues, il semble moins quelconque de penser, avec telle particulière triade, c'est que « **L'Angoisse** » pourrait bien être venue, non point trop sous l'insistante poussée d'un prétendu « **quelque chose à dire** », mais plutôt parce que sa formule s'accorde, selon certaines similitudes phoniques, aux deux autres formules qui peuvent ainsi advenir en filigrane.

Voici la seconde : ce que, dussent être corroborées certaines observations précédentes, il semble falloir admettre, c'est que tels éléments « **superposés** » sont liés par une **paire de relations spéciales** : non seulement une spéciale relation quant aux **endroits** où ils se rencontrent (puisque, apparemment, il s'agit chaque fois du **même**), mais encore une spéciale relation quant aux **allures** qu'ils présentent (puisque c'est, chaque fois, une **sonore ressemblance** qui les associe).

S'agissant, ensuite, de la **négligence** dont tel **sonnet**, en sa lecture, est passible, ce que l'**acte de représenter** tend à commettre, c'est, comme il a été également observé, un moindre souci de ce qui, dans ladite sienne **fonction**, ne joue pas un rôle spécial à savoir, pour cette pièce, notamment, fors le mètre pour l'un et la rime pour l'autre, le début et la fin.

Or, s'il est possible, derechef, selon un comportement trop ordinaire, que trahit une ignorance fréquente, de ne guère la prendre en compte, il existe, dans tel **sonnet**, et capable d'amenuir cette **négligence**, également une précise solution.

**Également une précise solution** ? Oui.

En effet, ce qui se rencontre, avec le jeu qu'il semble opportun, faute de mieux, d'appeler « **rimes polaires** », c'est, comme il a été possible de l'esquisser lors d'une lecture moins incomplète[3], le loisir de faire

[3] Jean Ricardou, « Une leçon d'écriture de Stéphane Mallarmé », dans

spécialement se correspondre, dans cette pièce, le début avec la fin.

Ainsi faut-il beaucoup de surdité, dont maintes exégèses paraissent avoir benoîtement fait preuve[4], pour ne point entendre que tel **sonnet**, avec « **Ses purs on[gles]** », commence, quant aux sonorités, de la même façon que, avec « **Septuor** », il se termine.

Dès lors, il suffit, également, d'un minime soin porté au duo des éléments requis par l'**effet représentatif** (à savoir les formules « **Ses purs ongles** » et « **Septuor** »), pour que puissent être émises les deux subséquentes remarques.

Voici la première : ce que, dussent en rabattre certaines idées trop reçues, il semble moins quelconque de penser, avec telle particulière dyade, c'est que la « **pureté** » pourrait bien être venue, non point trop sous l'insistante poussée d'un prétendu « **quelque chose à dire** », mais plutôt parce que l'adjectif qui la déclare offre le loisir d'accorder aux initiales et terminales formules du **sonnet**, leur permettant ainsi de saillir, certaines similitudes phoniques.

Voici la seconde : ce que, dussent être corroborées certaines observations précédentes, il semble falloir admettre, c'est que tels éléments « **polaires** » sont liés par une **paire de relations spéciales** : non seulement une spéciale relation quant aux **endroits** où ils se rencontrent (puisque, en l'occurrence, ils se trouvent à l'**opposite** l'un de l'autre), mais encore une spéciale relation quant aux **allures** qu'ils présentent (puisque, en l'occurrence, ils surviennent en se **ressemblant** l'un et l'autre).

---

Bertrand Marchal et Jean-Luc Steinmetz (dir.), *Mallarmé ou l'obscurité lumineuse*, Paris, Hermann, 1999, pp. 191-239.

[4] Notamment Bertrand Marchal, « Notes et variantes » aux *Œuvres complètes* de Mallarmé, *op. cit.*, pp. 1189-1191.

Ces deux analyses concernant, avec un peu de longue minutie, la première un objet plutôt banal (un **couteau**), ainsi peut-être mieux apprécié à cause, puisqu'il s'y trouve mis en balance avec un célèbre **sonnet**, du valorisant parallèle dans lequel il est impliqué, la seconde un objet plutôt rare (le « **sonnet en yx** »), ainsi peut-être moins sacralisé à cause, puisqu'il s'y trouve mis en balance avec un banal **couteau**, du dévalorisant parallèle qui l'implique, semblant avoir rempli, corrélatif, leur office, le moment est venu d'examiner en quoi elles répondent au questionnement « **À quoi sert la littérature ?** ».

Or, sitôt qu'on s'en avise, l'une portant sur la notion de **servir**, l'autre sur celle de « **littérature** », ce sont deux problématiques distinctes qui s'imposent.

**Une problématique portant sur la notion de servir** ? Oui.

Ce qu'il convient, sous cet angle, de garder en mémoire, c'est que, s'agissant de **servir**, bref de tenir une **fonction**, il a paru possible d'apercevoir deux phénomènes contraires.

D'une part, principiellement, issue de la **fonction** elle-même, une **destitution** de certains composants de l'objet requis comme « **moyen** ».

D'autre part, sachant battre en brèche cette **fonctionnelle destitution**, et, du moins, quand tels objets requis comme « **moyens** » sont spécifiquement **configurés**, une certaine **restitution prescrite**.

Mais il se trouve, aucunement secondaire dans la mesure où il s'agit d'un approfondissement du mécanisme, que survient, pour lors, une nouvelle interrogation.

En voici le propos : la **restitution prescrite**, qui se trouve contrarier, censément, la **destitution** commise par la **fonction**, peut-elle s'entendre, elle-même, comme une **fonction** ?

À cet égard, il semble falloir compromettre le linguiste poéticien Roman Jakobson qui, à l'occasion d'un problème du même genre, et fût-ce sur un domaine plus exigu, a penché pour un acquiescement.

Car ce qu'il nomme « **fonction poétique** » défère, selon lui, aux trois jugements que voici.

Premièrement, elle s'offre comme ce « **qui met en évidence le côté palpable des signes** »[5] (et cet avis, même si dans une autre perspective, celle de la linguistique, se trouve correspondre au précédent diagnostic de **restitution prescrite**).

Deuxièmement, et dans la mesure où, « **traitant de la fonction poétique la linguistique ne peut se limiter au domaine de la poésie** »[6], elle s'offre comme ce qui excède la seule « **poésie** » (et cet avis, même si formulé dans une autre perspective, celle de la linguistique, se trouve correspondre au précédent choix d'un objet non verbal, le « **couteau** », lequel, pour sa part, élargit à sa façon, lui non moins, le domaine en cause).

Troisièmement, et dans la mesure où elle se voit liée, « **émotive** », « **référentielle** », « **phatique** », « **méta-linguistique** », « **conative** », aux prétendues cinq autres de la « **communication verbale** » parmi lesquelles elle survient, elle se montre passible du diagnostic de **fonction** (et ce jugement, cette fois, force est de le noter, mérite une double réserve).

---

[5] Roman Jakobson, « Linguistique et poétique », *Essais de linguistique générale*, Paris, Minuit, 1968 (1960), p. 218.
[6] *Ibid.*, p. 220.

**Une double réserve** ? Oui.

En effet, ce que le linguiste poéticien appelle « **fonction poétique** », non seulement ne renvoie point trop, comme il est prétendu, aux mécanismes courants de la « **communication verbale** » (car il ne semble guère que, dans l'ordinaire « **communication verbale** », les locuteurs aient régulièrement le souci de mettre « **en évidence le côté palpable des signes** »), et, donc, ne saurait trop y correspondre, au sein du linguistique groupe envisagé, à une simple **fonction** parmi les autres, mais encore, dans la mesure où, avec elle, tend à se voir **restitué** ce que la **représentative fonction destitue**, elle se trouve, plutôt que s'y ajouter, outrepasser le simple rôle de **fonction**.

Par suite, ce qu'il est loisible d'apercevoir, sous cet angle, quant à la jakobsonienne « **fonction poétique** », c'est qu'il s'agit, non point trop, comme l'envisage rapidement le linguiste poéticien, d'une **fonction**, mais plutôt, puisqu'elle procède à un **outrepassement fonctionnel**, de ce qu'il semble meilleur d'appeler une **métafonction**.

Reste à saisir, pour lors, du moins quand la pensée aspire à n'être pas trop laissée en rade, si une **métafonction** appartient, ou bien non, elle-même au registre de la **fonction**.

D'un côté, la réduire à être une **simple fonction linguistique** parmi d'autres, c'est, comme s'y hasarde le linguiste poéticien, ne point trop distinguer que, procédant à un **outrepassement fonctionnel**, elle ressortit à une **métafonction**, bref, par les regrettables offices d'un geste excessivement simplificateur, c'est commettre l'**écrasement d'une complexité**.

D'un autre côté, et dans la mesure où la **métafonction** relève de ce qui produit un certain **effet** (la

**restitution** de ce que, en son exercice, la **fonction destitue**), elle peut s'entendre, si cet **effet** est visé, elle-même comme une **fonction**, bref comme un mécanisme qui, tout en **restituant** ce que, en son exercice, la **fonction destitue**, lui-même... **destitue**.

Du coup, ce qu'il semble préférable d'admettre, c'est, d'une part, que, en ce qu'elle tend à rétablir ce que la **fonction destitue**, la **restitution** relève d'une **métafonction**, et, d'autre part que, en ce qu'elle tient, pour lors, elle-même un certain rôle, elle est, **mais à un tout autre niveau**, également une **fonction**, ce qui la condamne, du coup, quand elle **restitue** tel aspect **destitué**, à en **destituer** elle-même quelque autre.

En conséquence, et pour éviter, du moins ici, d'aborder l'examen de ce phénomène complexe, il semble possible de se satisfaire provisoirement avec la pensée que, s'agissant de **servir**, il existe **un service capable de restituer ce que, en son exercice, le service destitue**.

**Une problématique, a-t-il été dit aussi, portant sur la notion de « littérature »** ? Oui.

En effet, il convient de l'observer maintenant, jamais, dans les profuses réflexions qui précèdent, et quitte, même, à laisser croire qu'elles s'écartaient du problème, la **notion** de « **littérature** » n'a été requise.

Or il se pourrait que cette absence eût pour cause, l'une étant l'incertitude quant aux objets que la **notion** de « **littérature** » concerne, et, l'autre, l'incertitude quant aux idées qui peuvent la définir, un couple de raisons connexes.

**L'incertitude quant aux objets que la notion de « littérature » concerne** ? Oui.

En effet, il convient de le noter d'abord, sitôt que le linguiste poéticien Roman Jakobson fait l'observation selon laquelle, « **traitant de la fonction poétique la linguistique ne peut se limiter au domaine de la poésie** » (et d'autant plus qu'il en fournit, dont l'analyse de la formule « ***I like Ike*** », sur le champ[7] deux exemples), ce à quoi, sauf inconséquence, il se doit de renoncer, puisqu'elle ne correspond guère à l'ensemble des objets qu'il estime en cause, c'est, pour le motif, cette fois, avec « **poétique** », d'une qualification trop réduite, à la **notion** dont, hélas, il fait un usage fréquent, de « **fonction poétique** ».

De même, il convient de le noter ensuite, sitôt qu'il a semblé possible, changeant ce qui doit l'être, de saisir maintes pareilles configurations, et dans le plutôt rare objet dit « **sonnet en yx** » (qu'il est admis de ne pas exclure du prétendu domaine nommé « **littérature** »), et dans le plutôt banal objet appelé **couteau** (que la prétendue « **littérature** », n'est pas trop censée recevoir), ce à quoi il faut soustraire l'intellect, du moins si se trouve proscrit l'illogisme, c'est, dite « **littérature** », à la **trop célèbre notion**.

[7] *Ibid.*, p. 219.

# 3

# Sur la notion de « littérarité »

Il est possible, et, en l'occurrence, peut-être souhaitable, de préciser un rien les choses avec le recours, « **catégorie**, **notion**, **concept** », à une manière de hiérarchique tripartition.

Ainsi la **catégorie** peut être dite concerner ce qui est sensible avec les seuls comportements : par exemple, un chien, puisqu'il sait accomplir un **détour**, en possède une certaine vue, mais, puisqu'il est censé démuni d'une précise langue, cette vue, toutefois, ne semble nullement bénéficier de l'appui d'un vocable.

Ainsi la **notion** peut être dite concerner ce qui est sensible, cette fois, avec le concours d'un mot de telle langue : par exemple, dire « **maison** », c'est mettre en jeu une certaine idée selon un vocable répandu en français.

Ainsi le **concept** peut être dit concerner ce qui est sensible avec une insertion dans quelque précise théorie : par exemple, dire « **ligne** », en géométrie, c'est, sauf inadvertance, laisser entendre, non point trop, ainsi qu'il est fréquent ailleurs, ce qu'il est convenu d'appeler « **trait** », mais plutôt quelque chose comme « **espace à dimension unique** », ce qui suppose, clairement réfléchie, une rigoureuse pensée du jeu des dimensions.

Dès lors, si, comme il semble préférable dans les présents propos soucieux d'un certain effort théorique, c'est telle tripartition, au moins, qui mérite vigueur, alors, ce qui va être examiné, dans la suite, c'est, non point trop la « **littérarité** » comme le précis **concept** qu'elle pourrait bien n'être pas, mais plutôt la « **littérarité** » comme la simple **notion** qu'en revanche elle pourrait bien être.

Quoi qu'il en aille à cet égard, il convient avant tout d'observer, s'agissant de « **littérature** », et, cela, à cause d'un couple d'observations, pourquoi il est bienvenu que la **notion** de « **littérarité** » ait été appelée.

La première observation, c'est que, sous l'angle de la méthode, et sauf à se complaire au mousseux verbiage, mieux vaut asseoir les notions utilisées en sachant définir, chaque fois, les critères qui en permettent l'établissement.

La deuxième, c'est que, dans la mesure où il n'est pas trop facile, sur ce registre, de fournir à la **notion** de « **littérarité** » une sûre consistance, la **notion** de « **littérature** », elle-même, pourrait bien apparaître comme moins assurée qu'à prime vue elle se laisse croire.

Car, si la **notion** de « **littérarité** » s'entend comme l'ensemble des caractéristiques aptes à spécifiquement saisir ce que d'aucunes et d'aucuns, en maints lieux, nomment « **littérature** », alors ce qui, sur le champ, s'avère à son endroit, c'est, venue d'une kyrielle d'anicroches, une immédiate rédhibitoire fluctuation.

Ainsi a-t-il pu sembler opportun de lier spécifiquement la « **littérature** » à la **fiction**.

Seulement, admettre ce critère revient à établir deux problèmes.

L'un vient de la nécessité, pour le coup, d'inclure dans la « **littérature** » (comme les « **romans de gare** », puisque beaucoup d'entre eux relèvent essentiellement de l'imagination) des ouvrages qui, d'ordinaire, en sont plutôt exclus.

L'autre vient de la nécessité, pour le coup, à l'inverse, d'exclure de la « **littérature** » (comme les

*Essais* de Montaigne, puisqu'ils sont censés ne ressortir guère, pour l'essentiel, à l'imagination) des ouvrages qui, d'ordinaire, y sont plutôt inclus.

Ainsi a-t-il pu sembler opportun, à cause de l'étymologie, de lier spécifiquement la « **littérature** » avec les « **lettres** » entendues comme une façon de matériau.

Seulement, admettre ce critère revient à établir, cette fois encore, deux problèmes.

L'un vient de la nécessité, pour le coup, d'inclure dans la « **littérature** » (comme les **circulaires administratives**, puisqu'elles sont essentiellement composées de « **lettres** ») des pages qui, d'ordinaire, en sont plutôt exclues.

L'autre vient de la nécessité, pour le coup, à l'inverse, d'exclure de la « **littérature** » (comme *Camar(a)de* de Maurice Roche, puisqu'il comporte aussi des images) maints livres qui, d'ordinaire, y sont plutôt inclus.

Ainsi a-t-il pu sembler opportun de lier spécifiquement la « **littérature** » à la « **poésie** ».

C'est la posture, reprenant à son compte une idée venue de ceux qu'il est convenu de nommer les « **formalistes russes** », que paraît, et il sied donc de revenir vers lui, avoir adopté le linguiste poéticien Roman Jakobson :

> La « littérarité » (*literaturnost'*), autrement dit, la transformation de la parole en œuvre poétique, et le système des procédés qui affichent cette transformation, voilà le thème que le linguiste développe dans son analyse des poèmes[1].

[1] Roman Jakobson, *Questions de poétique*, Paris, Seuil, 1973, p. 486.

Seulement, admettre ce critère revient à établir, cette fois également, deux problèmes.

L'un vient de la nécessité, pour le coup, puisqu'il est déclaré s'agir d'« **œuvre poétique** » et de « **poèmes** », d'une réduction de la « **littérature** » à une moindre classe d'œuvres qu'à l'ordinaire.

L'autre vient de l'étrangeté, pour le coup, déjà plus haut mentionnée avec l'exemple de « ***I like Ike*** », d'avoir à saisir des agencements comme relevant de la « **fonction poétique** » dans des écrits censés ne guère faire partie de ce qu'il est convenu d'appeler des « **poèmes** ».

Ainsi a-t-il pu sembler opportun de lier spécifiquement la « **littérature** » à la « **beauté** ».

C'est, l'assimilation ayant été faite, par ses offices, de la « **littérature** » et de la « **poésie** », le positionnement que paraît avoir adopté derechef le linguiste poéticien Roman Jakobson : « La poésie c'est le langage dans sa fonction esthétique »[2].

Seulement, admettre ce critère revient à établir, cette fois aussi, deux problèmes.

L'un vient de la difficulté, pour le coup, puisque, dans le meilleur des cas, la « **beauté** » qui prévaut dans une époque n'est pas celle qui prévaut dans une autre, de trouver à cet égard un accord d'universelle portée.

L'autre vient de la difficulté, pour le coup, puisque, les « **arts plastiques** » semblant avoir pris la suite de ce qui était nommé, autrefois, les « **beaux-arts** », et la « **littérature** » ce qui était nommé, autrefois, les « **belles-lettres** », de recourir, imperturbablement, à un caractère qui paraît être moins de saison.

---

[2] *Ibid.*, p. 15.

Ainsi a-t-il pu sembler opportun de lier la « **littérature** » à certains **agencements définis**.

C'est, en l'assimilation toujours, mentionnée plus haut, de la « **littérature** » et de la « **poésie** », l'avis que paraît avoir également adopté le linguiste poéticien Roman Jakobson : « On peut avancer que dans la poésie la similarité se superpose à la contiguïté »[3].

Seulement, admettre ce critère revient à établir, cette fois non moins, deux problèmes.

L'un vient de ce que ces **agencements définis** ont été récusés par certains autres penseurs (dont, avec une préférence pour ce qu'il nomme l'« **a-grammaticalité** », le nommé Michel Riffaterre[4]).

L'autre vient de ce que ces **agencements définis**, et dans leur logique même, ne semblent pas rendre compte de la totalité des phénomènes en cause.

C'est que, à recevoir le principe d'une superposition de la similarité à la contiguïté, il paraît ne guère convenir à ce qui est appelé, ordinairement, et trop sommairement (puisque ce terme n'évoque jamais, l'autre étant la **forme** en jeu, et avec le seul spécial **positionnement**, qu'une moitié du phénomène, lequel est lui-même passible de variantes d'autres sortes) l'**acrostiche**.

Car, avec cet **agencement**, cher, par exemple, nul ne l'ignore, et à François Villon, et aux « **Grands rhétoriqueurs** » (qu'il est difficile d'exclure de la « **poésie** »), il s'agit, certes, d'une superposition à l'articulatoire contiguïté, mais cette superposition est celle moins d'une similarité que d'une articulatoire contiguïté.

---

[3] *Ibid.*, p. 225.

[4] Michel Riffaterre, *La Production du texte*, Paris, Seuil, 1979.

Bref, ce qui ainsi a lieu, avec l'**acrostiche**, se trouve être, loin de la superposition de la similarité à l'articulatoire contiguïté, la superposition de l'articulatoire contiguïté à... elle-même.

Par suite, et devant les profuses difficultés, dont, à l'instant, vient d'être énumérée une ribambelle, que rencontre l'élaboration de critères capables d'établir avec rigueur la **notion** de « **littérarité** », et, par voie de conséquence, la **notion** de « **littérature** » en spécificité, il paraît judicieux d'énoncer d'abord une critique, puis de souscrire à une décision, enfin de s'en remettre à une façon de... prophétie.

La critique touche à ce qui, de temps à autre, est donc nommé « **littérarité** ».

C'est que, à tel égard, il semble, quand a été envisagé le principe de cette **notion**, qu'ait été admis, **au préalable, et comme allant de soi**, bref sans trop solliciter l'intellect, une entité nommée « **littérature** », et que, **subséquemment**, ait été recherché, sous le nom de « **littérarité** », ce qui, du coup certes improbables, pourrait bien en être les caractéristiques.

Et, s'il en va ainsi, alors ce dont il pourrait bien falloir convenir, c'est que, faute d'une assurance quant à la notion de « **littérarité** », bref faute de la rigoureuse assise intellectuelle qu'il sied de concevoir, la **notion** de « **littérature** » est moins consistante que plusieurs, et même un nombre, à prime vue paraissent le croire.

La décision touche à ce qui, un peu souvent, est donc nommé « **littérature** ».

C'est que, à tel égard, dans la mesure où elle ne repose point trop sur une critérologie solide, et revient lors, le plus souvent, à fournir, sans une suffisante réflexion, ce qui pourrait bien n'être, avant tout, reprenant, à sa manière, la sempiternelle hiérarchie du « **genre noble** » et du « **genre bas** », qu'un **prestigieux label**, il semble meilleur, quand sont espérées des lumières plus franches, d'en faire (et au profit, du coup, d'autres **« objets » d'analyse**) une intégrale économie.

La façon de prophétie touche à l'**avenir de cette notion**.

C'est qu'une chose pourrait bien être, si motivée de la sorte fût-elle, la prise d'une certaine décision par un tel, voire, à le supposer, par tout un groupe, et une autre que ce choix, ensuite, recevant, en quelque façon, un accord général, oriente les ultérieures méthodes conduisant les pensées.

Ainsi est-ce, l'une admissible, l'autre moins, pour deux raisons que, en tout cas à prévisible terme, il paraît meilleur de ne point trop songer à voir cette suspecte notion prochainement forclose.

**Une raison admissible** ? Oui.

En effet, et, du moins, si, avec la **notion** de « **littérature** », fût-elle insuffisamment construite, se trouve, à cause d'un accent porté sur les **manières de le dire**, relativisé quelque peu **ce qui est dit**, il est possible de lui reconnaître une certaine **vertu polémique**.

Ainsi, comme à une époque il semble, fût-ce avec, pour lors, une abusive assimilation de la « **littérature** » et de la **fiction**, avoir été voulu, il a été loisible, sur son appui, de contester, en leur principe, les toujours renaissantes diverses doctrines principiellement obsédées (comme celles qui furent nommées, respectivement, et, stalinien, le « **réalisme socialiste** », et, sartrienne, la « **littérature engagée** ») par ce qui, considéré benoîtement d'une façon comme indépendante de toute formulation, est à l'ordinaire nommé le « **contenu** ».

**Une raison qui l'est moins** ? Oui.

En effet il se pourrait que, si incertaine fût-elle sous l'angle de la rigueur, la **notion** de « **littérature** » bénéficiât, lui assurant une longévité comme à toute épreuve, en quelque sorte d'une **consistance socialement établie**, bref qu'elle fût ce qu'il paraît judicieux d'appeler une « **notion institutionnelle** ».

Et, s'il en va de la sorte, alors la **notion** de « **littérature** » semble capable de sévir aussi longtemps que perdurera la tentaculaire institution qui s'en réclame, laquelle possède au moins, l'une ressortissant au corporatisme, l'autre à l'organisation, un couple de sociales vigueurs bien établies.

Une **sociale vigueur relevant du corporatisme**, qu'il y a tout lieu de craindre (et c'est, docteur ès... lettres, un ancien itinérant professeur de « **littérature** » qui parle) de celles et ceux, innombrables, qui trouvent, avec cette **notion**, si confuse à la réflexion s'avérât-elle, et tout syndical en somme, le **reconnu motif de leur métier**.

Une **sociale vigueur ressortissant à l'organisation**, qu'il y a tout lieu de craindre, dès lors qu'existent, qu'il s'agisse d'établissements comportant matières ou sections « **littéraires** », de journaux se disant « **littéraires** », de prix censés « **littéraires** », maints coriaces appareils assis sur la prétendue « **littérature** », laquelle pourrait bien devoir n'être considérée, foncièrement adossée qu'elle se trouve sur un « **Je ne veux pas le savoir** », que sous les aimables espèces d'un... **fonds de commerce**.

# Principales publications de Jean Ricardou

## Romans

*L'Observatoire de Cannes*, Paris, Minuit, 1961.

*La Prise de Constantinople*, Paris, Minuit, 1965.

*Les Lieux-dits, petit guide d'un voyage dans le livre*, Paris, Gallimard, 1969 (et Paris, Union générale d'éditions, 1972).

## Recueils de nouvelles

*Révolutions minuscules*, Paris, Gallimard, 1971 (puis version récrite, précédée d'un inédit, « Révélations minuscules, en guise de préface, à la gloire de Jean Paulhan », Paris, Les impressions nouvelles, 1988).

*La Cathédrale de Sens*, Paris, Les impressions nouvelles, 1988.

## Ouvrage mixte

*Le Théâtre des métamorphoses*, Paris, Seuil, 1982.

## Ouvrages théoriques

*Problèmes du Nouveau Roman*, Paris, Seuil, 1967.

*Pour une théorie du Nouveau Roman*, Paris, Seuil, 1971.

*Le Nouveau Roman*, Paris, Seuil, 1973 (puis version récrite, précédée d'une préface inédite et suivie d'une étude complémentaire, « Les raisons de l'ensemble », Paris, Seuil, 1990).

*Nouveaux problèmes du roman*, Paris, Seuil, 1978.

*Une maladie chronique*, Paris, Les impressions nouvelles, 1989.

*Intelligibilité structurale du trait*, Bruxelles, Les impressions nouvelles, 2012.

*Grivèlerie*, Bruxelles, Les impressions nouvelles, 2012.

### Direction d'ouvrages collectifs

*Nouveau Roman : hier, aujourd'hui* (avec Françoise van Rossum-Guyon), 2 vol., Paris, Union générale d'éditions, 1972 (et Paris, Hermann, 2011).

*Claude Simon : analyse, théorie*, Paris, Union générale d'éditions, 1975 (puis *Lire Claude Simon*, Paris, Les impressions nouvelles, 1986).

*Robbe-Grillet : analyse, théorie*, 2 vol., Paris, Union générale d'éditions, 1976.

*Problèmes actuels de la lecture* (avec Lucien Dällenbach), Paris, Clancier-Guénaud, 1982 (et Paris, Hermann, 2012).

# Index des auteurs cités

# Table des matières